的

馈赠

——

一位校长对教育的思考

蓟小玲／著

辽宁大学出版社
Liaoning University Press

图书在版编目（CIP）数据

爱的馈赠：一位校长对教育的思考/蓟小玲著. —
沈阳：辽宁大学出版社，2020.12（2022.10 重印）
ISBN 978-7-5698-0193-4

Ⅰ.①爱… Ⅱ.①蓟… Ⅲ.①教育研究－文集②教学
研究－文集 Ⅳ.①G40-03②G420-53

中国版本图书馆 CIP 数据核字（2020）第 232580 号

爱的馈赠：一位校长对教育的思考
AI DE KUIZENG：YI WEI XIAOZHANG DUI JIAOYU DE SIKAO

出 版 者：辽宁大学出版社有限责任公司
　　　　　（地址：沈阳市皇姑区崇山中路 66 号　　邮政编码：110036）
印 刷 者：沈阳市第二市政建设工程公司印刷厂
发 行 者：辽宁大学出版社有限责任公司
幅面尺寸：145mm×210mm
印 　 张：8
字 　 数：150 千字
出版时间：2020 年 12 月第 1 版
印刷时间：2022 年 10 月第 2 次印刷
责任编辑：李天泽　　田苗妙　　郝雪娇
封面设计：韩　实
责任校对：齐　悦

书 　 号：ISBN 978-7-5698-0193-4
定 　 价：29.80 元

联系电话：024-86864613
邮购热线：024-86830665
网 　 址：http://press.lnu.edu.cn
电子邮件：lnupress@vip.163.com

潜心育人　爱洒人间（代序）

　　陶行知曾说："教师的成功是创造出值得自己崇拜的人。"蓟小玲校长让我感受到了这份成功。

　　蓟小玲，一个小鸟依人般的名字，见其人，却是"名"不符"实"。高挑的个子，大眼睛闪烁着智慧，做事说话风风火火，扑面而来的尽是干练与不可小觑的能量。她是桃师学子，1994年的那个开学季，我与她同时步入桃师这所百年师范学校。我大学毕业迈入桃师初为人师；她初中毕业，步入桃师学习做老师。当年我并没有直接教过她，十年后，我们共同在杏坛上默默付出、由一棵树苗成长为茁壮之材时，她作为常德市语文骨干教师重返桃师参加培训，我给她开讲座探讨我们共同热爱的语文教学，于是，我们重续师生之缘。2019年，她请我去指导青年教师参加市级课堂教学比武，我惊喜地得知她已是分管教学的业务校长，用自己的率先垂范、严谨务实的专家风范让一所新办小学的教研之风蔚然兴起。至此，我内心的一种敬佩之情油然而生。

这本文集由教学、育人、生活三个专辑构成，共收录 64 篇文章。

"教学是发现，是分享，是成长。"22 篇教学文章以论文、随笔形式，记录了她潜心教学的发现、感悟，也记录了她在小学语文教学路上的成长足迹。点点滴滴，深深浅浅，一路上伴随着辛勤与欢欣。内容有古诗教学、习作教学、口语交际教学，还有课堂艺术的总结与提升。我们在她的古诗教学中悟情，在习作教学中得法，在口语交际教学中感受语用的乐趣，特别是在她的课堂教学上感受到作为教师的教学智慧。

一位好教师必须有仁爱之心。14 篇育人文章是作者爱生爱教育的明证。《校车上哭泣的小男孩》中那位倔强的小男孩让充满爱心、耐心、责任心的校长形象跃然纸上。她用平实的文风、真挚的情感书写了一位当代教师大写的爱。这一篇篇纪实性的文章展现了一位小学校长的爱生情怀。

"爱，首先意味着奉献，意味着把自己心灵的力量献给所爱的人，为所爱的人创造幸福"，这是苏霍姆林斯基的名言。本书作者蓟小玲的内心充满爱，她爱生活、爱家人、爱生命中所有的人。这 25 篇生活随笔是她爱的絮语，字里行间渗透着她的率真与善良，更有她的人性美。

爱，是伟大的，是崇高的，它意味着包容与理解，意味着付出与奉献，是中华优秀传统文化的精粹。作为教育工作者，爱，不仅体现着一种情操，更是一份职守。"学为人师，行为世范"，我们当代每一位教师应当身体力行。

　　"青出于蓝而胜于蓝。"学生小玲桃李成蹊，著书立说，嘱我为序，为师甚感欣慰亦颇为惭愧，或恐言犹不及，仅作此序聊以自慰，亦期与天下教书育人者共勉。

文　君

2020 年 7 月

目录 CONTENTS

>> 第一辑 | 潜心钻研

教学教研

>> 第二辑 | 诲人不倦

爱的馈赠——一位校长对教育的思考

>> 第三辑｜恋在红尘

爱的馈赠——一位校长对教育的思考

第一辑

潜心钻研

教学教研

作文"巧"拟题

　　作文教学一直是语文教学的难点，学生们经常是望而生畏，感到无话可写。纵观现在"语文乐园"里的作文训练，偏重话题作文。与以前的命题作文相比，虽然可写的范围大了许多，但是怎样拟一个合适的标题是学生需要仔细思考的。笔者曾通过一堂写作课，尝试指导学生拟题，收效显著。学生的题目不再单调，与以前相比，作文的题目更加简洁准确，简明扼要了。

　　怎样让学生在写作时巧拟作文题，这并非是一个难题。学生在写作训练时曾遇到这样一个话题：我与亲人的一些事。据调查统计，作文拟题时，近75％的学生这样拟定标题：《我与亲人的一些事》。对于小学五年级的学生，他们居然在审题方面出现偏差。题目要求是写你和亲人之间发生的一些事，有难忘的，愉快的，把你印象最深或是启发最大的一件事情写下来。可是学生们大多数挥笔而就，题目写的就是如《亲人之间的事情》《我和妈妈发生的两件事情》《爸爸和我的事情》等等。这些题目看起来似乎合乎题意，但令人耳目一新的题目却是寥寥无几。试想一下，如果作文题目不能够吸引读者的眼球，那靠什么去引人入胜呢？

每一个擅长写作的人都知道，在写作中，要能够做到心中有读者，因为读者就是你灵魂深处的体验者，而题目就是能够让读者走进你心里的"向导"。所以题目的拟定是非常关键的。关于怎样命题，笔者做了许多尝试。

一、长话短说，标题要"小"

目前，有很多学生在写作时，忽略了审题是写作的第一步，通常只是在话题中断章取义，或者是写作的题目就是一个长句子。例如，有学生在写老师和他之间的事情时，作文题目就是《我和老师发生的令人难忘的事情》。当时看到这个作文题目时，我就问其他的学生："你们说一下，这个句子有怎样的特点？"学生异口同声地回答："题目太长了！"我又问他们原因，他们众说纷纭。后来，在我的旁敲侧引下，学生将题目"化简"了。例如，《难忘的师生情》《雨伞下的师生情》《难忘的一件事》《哭泣》等。他们其中不乏精彩的题目，如《老师，我想对您说》《难忘的教训》《苦口婆心的教导》《突如其来的鼓励》等。然后，我要求学生对题目的简洁性和准确性进行比较，他们自然有所收获，并在讨论中更加明确了题目言简意赅的重要性。

二、触类旁通，标题要"新"

小学生由于普遍知识面窄，写作时就会遇到用词的困难。其实写作中应用的大多数的词语就在于平常的积累。其实教者在平常应该注重成语的积累，不仅仅是为了学生在写作时妙语连珠，更能起到提纲挈领的作用。像我们学过的历史、寓言故事的题目就是一些大家熟悉的成语，如《刻舟求剑》《草船借箭》《完璧归赵》《掩耳盗铃》《守株待兔》等都让学生体会到作文拟题中语言简明的重要性。在教学时，就要注意引导学生引用成语。例如，学生在写作训练时遇到这样一个话题：写自己印象最深的一件事。有很多同学提笔一挥而就，但题目大多是《我印象最深的一件事》，只有一个同学写的题目是《虚惊一场》。在讲评习作时，我利用她的习作让学生探讨写作题目耳目一新的秘密。学生们从中受益匪浅，也能够直观地欣赏写作时借用成语做标题的益处。

三、围绕中心，标题要"顺"

学生习作时常常遇到这类问题：作文没有中心，常常出现"文不对题"的局面。怎样避免学生出现这类的问题？对此我一直在努力寻找答案。为了更好地让学生根据自己文章的内容选取一个合适、顺畅的标题，在指导学生作文教学时，我会找一些类似的文章，要学生共同探讨该作文的不成功的地方，找一些"文不对题"的例文让他们探讨文章的失误在哪里，让他们从中寻找突破口，找到写作的方向。或是在设置情景进行作文练习时，让他们围绕中心进行片段描写，要求同学一起探讨题目怎样拟才能更加鲜明、准确地表达文章的主题。例如，小学四年级语文教材第五单元的一篇习作训练："当你遇到困难的时候，别人是怎样帮助你的？当别人遇到了困难，你又是怎样伸出援助之手的？每个同学都有这样的经历吧，请你写一件别人帮助你的事，或你帮助别人的事。"很多学生只会写《我帮助她借伞》或是《我帮助妈妈搞卫生》或是《我向他伸出了援助之手》这样的标题，通过课堂引导问学生：看看这学期的课文，标题的语言的字数平均在几个字？用得最多的是几个字的标题？学生找出了最简洁的课文标题如《争吵》《麻雀》《观潮》《四季童话》《小草之歌》等。于是我顺势而为，接连发问。学生在我的循循善诱下说出了更加简洁的标题，如《借伞》，他们认为《借伞》比《我帮助他借伞》更简洁，也能够体现文章的主题。还有一学生举手示意她把自己作文的题目《我向她伸出了援助之手》直接简化成《援助之手》。我对她竖起了"妙"的大拇指，她欣喜万分！我发现孩子的世界其实真的很精彩，我被他们灵活的思维征服了，一切水到渠成。孩子们知道了作文的标题应该怎样删繁就简。简短的标题不仅能够顺理成章地把握文章的主题，而且还能引人入胜，真是妙不可言！

作文题目的选择是一个关键，俗话说：好的开始是成功的一半。写作时巧拟作文题就会达到事半功倍的效果。教师在习作教学时要善于引导学生抓住文章的"题眼"，从而巧拟作文题。这样学生即使遇到话题作文，拟题问题也会迎刃而解。

✿ 品味、体验古诗的情感三部曲

　　小学教材中的古诗，都是历代著名诗人的精品佳作，思想内容积极健康，语言浅显易懂，音韵和谐，意境清新，含意隽永，朗朗上口。学好古诗，学生将终身受益。那么，怎样才能使古诗教学收到良好的效果呢？我认为，教师在教学中，应引导学生进入诗的意境，使其如临其境，如见其人，如闻其声，如嗅其味。

一、抓住诗词的字眼赏析，进入诗歌意境

　　欣赏是理解的最高层次，小学中高年级教师要有意引导学生做这方面的尝试。这方面能力的培养对学生将来的学习、成长将受益无穷。指导学生欣赏古诗，启发学生积极思考，认真体会。杜甫的《绝句》一诗，作者

凭借会唱歌的黄鹂、飞上天的白鹭、倒垂的翠柳，歌颂了春天，赞美了大自然显示的勃勃生机。教学中我们不妨先为学生创设情境：自古以来，柳常常被诸多文人墨客作为吟咏的对象，成为诗人抒发情怀的一种寄托。透过字里行间，我们体会到了诗人对祖国山河的无比热爱，对宁静生活的心满意足。在此基础上，教师播放优美、轻快的音乐，学生在音乐的氛围里，自读自悟全诗，边读边看投影片，增强了对垂柳的感性认识，给理解诗句意思降低了难度。画面再现，把诗人所处的环境形象地展现在学生面前，能使学生如临其境，从而使学生弄清诗人所要表达的思想感情。此时，学生对诗句的理解不再是肤浅的，他们已初步感受到了诗句中蕴含的思想感情。

二、朗读成诵，体会语感，深刻领会诗的意境

朗读是贯穿古诗教学全过程的，它能加深学生对诗的理解并体会它鲜明的节奏、优美的音韵，还能培养学生的语感，更深地领会诗的意境，体验诗的情感。

课程标准指出，"阅读是学生个性化行为"，要"培养学生具有感受、理解、欣赏和评价的能力"。我们力图通过这一启示，引导学生发散出更多的、独特的、创造

性的感悟来，在教学中要灵活运用。

在朗读训练中，教师应读出感情，抒发真情，通过丰富、有感情的声音，把作品中的思想内容生动地表现出来，促进学生对作品思想内容的深刻理解，产生与作者之间的情感交流与心理共鸣，加深对诗意的领会，从而达到让学生在口诵心惟、声情并茂的朗读中体会诗的意境的目的。如《春夜喜雨》这首诗取景别致，描绘了春天的雨水会"思维"，全诗紧扣一个"好"字，把自然界的雨水拟人化了。雨水不仅会"思维"，雨水"品行"高尚，雨水"功绩"卓著，于是作者用"喜雨"两字表达了自己对这位"好人"的赞颂。

这首诗字里行间无不洋溢着作者对大自然中雨的热爱和赞颂之情。教学时教师要加强朗读指导与训练，指导学生读好"无声""乃发生""知时节"等词，使学生体会诗人所描绘的和谐自然、妙趣横生、充满生机的画面，从中与诗人产生情感的共鸣，受到美的熏陶。在朗读时，要口脑并用，边读边想象，眼前要出现诗句描绘的画面，"知""当""随""风""细无声""江船""晓""花重"等词语，把自然界的和谐情景形容尽致；要进入角色，注入感情，口诵、心想、多种感官综合运用，才能领会到语感，加深对古诗意境的理解。

三、展开丰富想象，升华诗的意境

意境是诗的灵魂，是"意"与"境"的和谐统一。在理解诗的内容的基础上体会诗的意境，才能理解诗人面对的生活环境，进而体会由此生发出来的意趣、情志和思想感情。

小学中高年级学生的分析理解能力，表达和想象能力，都有了较大幅度的提高。因此，教师应通过音乐渲染、依诗赏画、投影录像、语言描述等方式，给学生开拓一个广远的想象空间，让学生在这个空间中，展开想象，用语言具体形象地描绘诗人意欲展示的场景，继而因景析情，深刻领会诗中的思想感情。教师在教学中应善于引导学生抓住重点词句研读，展开合理丰富的想象，颇具匠心地创设情境，根据诗意和作者表达的情感选择合适的背景音乐，教师富有感情地叙述诗的大意，让学生闭目静听并张开想象的翅膀，把诗人描绘的景物浮现在自己的眼前，产生身临其境之感，进而使诗人描绘的意境在学生的想象的拓展中得到升华。如在《渔歌子》中可启发想象"西塞山前白鹭飞，桃花流水鳜鱼肥"的神奇美丽；在《清明》中可启发想象"清明时节雨纷纷，路上行人欲断魂"的伤感氛围；在《夏日绝句》中可启发想象"至今思项羽，不肯过江东"的怨尤、凄苦，在

《春日》中可启发想象"胜日寻芳泗水滨，无边光景一时新"的欣欣向荣和诗人充满希望的心情……通过想象，不仅使学生深入领会了诗和诗人所描绘的意境，而且使诗人描绘的意境在学生富于创造性的想象中得到了拓展和升华，从而收到理想的教学效果。

总之，古诗教学中利用赏析诗句、诵读体会、展开想象，可以引导学生体会意境，使诗中景象如在眼前，使学生如临其境，如闻其声，如嗅其味，如触其物，体察诗中的不尽之意，不尽之情，从而受到教育，陶冶情操，提升思想境界，从而使学生的思维和想象能力、表达能力都得到培养。

希沃白板助力课堂教学"如虎添翼"

摘　要：将现代化教学装备应用于课堂教学实践，既是提高教学有效性的重要途径，也是教育教学改革与创新的内在需求。将交互式电子白板应用于小学语文教学之中，既可以借助白板的交互性提高教学质量，也可以借助白板来实现培养学生语文核心素养的目的。就希沃白板在小学语文教学中的作用进行系统阐述，以期为丰富小学语文教学方法、核心素养培养途径等提供一些参考。

关键词：白板　小学语文　课堂教学　资源利用

随着科技的发展，诸多现代化教学装备广泛应用到一线教学实践之中。随着教育改革的进行，现代教育多是采用计算机屏幕投影的方式，其优点是操作简便，使用方便，但是缺点也比较明显，即会造成教师与学生之间互动环节的减少，进而使小学语文教学方式单一且枯燥乏味，无法满足小学教育的需求，而交互式电子白板能够解决这一难题。现如今，交互式电子白板已经在小学课堂教学中得到了广泛的应用，作为一种新兴的技术工具，它既有传统黑板直观的特点，又有多媒体灵活性的优势，是提升课堂互动性、提高教学效率的首选。交互式电子白板则是利用现代信息技术将传统的黑板板书转变成通过电脑显示屏显示的数字化板书。希沃白板是以多媒体交互白板为核心，提供了教学需要的资料检索、教学素材加工、微课采编及结构整理等教学常用功能。同时，希沃白板还支持与教学资源平台同步对接的功能，进一步实现了"一站式"教学。小学语文教学中，有大量学生难以直观理解的词汇、语法等，若采用传统的板书教学及课堂口授往往无法达到预期的教学效果，而采用希沃白板进行语文教学，则可以有效激发学生对语文知识的形象化、具体化理解，进而在提高教学有效性的同时，也能够利用希沃白板"一站式"教学功能来培养、提升学生语文核心素养。本文就运用希沃白板提升小学语文教学效率进行系统阐述。

一、借助希沃白板，实现高效课堂教学

语文课堂教学不仅仅是促进学生对语文知识认知、学习的过程，也是一个情感互动、交流的过程。情感是促进学生语文学习的一种正向的"助推剂""内驱力"。同时，情感也会对学生的语文学习行为、学习心理产生积极的促进作用。因此，语文教师在语文课堂教学过程中应结合学生语文学习特点、学情、个体差异，采取更加生动、有趣的情境导入来激发、调动学生的语文学习兴趣与积极性，并通过适当的引导方式，让学生将学习兴趣逐渐转化为学习动机。另外，教师还可以利用情境导入过程中所产生的问题为语文课堂阅读教学、写作教学的顺利开展奠定良好的基础，同时还可以达到强化学生解决各类语文问题的训练目的，最终也能够实现培养、提升学生语文核心素养的目的。希沃白板恰恰在教学情境设计、问题导入方面具有独特的资源优势，既方便了教师的情境设计，也提高了情境导入教学的有效性。

如在讲解《小猴子下山》这篇课文时，可以引入Flash小游戏来帮助他们认识自然界的各种动物。因此，利用电子白板进行小学语文教学能够大大提高学生的主观能动性。语文教师在利用希沃白板教学时，既要善于为学生创设情境、导入问题，还要善于让学生通过希沃白板的"提示"去自主分析与思考，进而调动学生学习的积极性，使他们在希沃白板的情境教学中发现更多的问题，并结合自身的生活实际去获得更多感悟，使其在体验到更多的成功情感过程的同时不断增强语文学习的自信心与兴趣。

再比如，在《小猴子下山》（小学语文部编版的一年级下册）课文教学时，笔者利用希沃白板列出相应的生字"掰""扔""摘""追"等，指导学生在阅读时，既要关注上述生字，也要注意理解、分析"玉米地里""桃树下""瓜地里"的意思，并去引导学生总结观察时、思考时的小猴子的特点，并自主表演小猴子下山的全过程。当学生完成自主阅读之余，笔者适时地利用希沃白板引出"玉米地里""桃树下""瓜地里"还有"遇见兔子去追"等情节，以此来强化学生对"猴子一无所获"的分析。最后，笔者再利用希沃白板引出问题："如果小猴子再次下山，你们自己对'设想与结果'有什么想法或联想呢？"以此来引发学生自主思考，最终引导学生进行自主的感悟——在生活中应善于观察、养成自主思考的好习惯。如"掰""扔""摘"等词语对于小学一年级小学生来说是比较陌生的东西，很难通过讲述来认识这些事物，而白板则能将这些动作动态展示出来，在帮助学生学习词汇的同时，还能够提高学生的认知。

二、利用希沃白板，培养学生探究意识

　　教学过程就是师生之间不断地进行知识信息相互交流的一个动态的互动过程。因此，小学语文教师在教学实践中，应充分利用希沃白板的互动优势，积极与学生开展良好而充分的互动，例如，在一年级"口语交际"教学《推荐一部动画片》中，可以利用白板播放动画片，通过声、影、画来让学生在师生互动的语言交际场景教学过程中不断发现、解决更多的语文问题。

　　如在"语文园地"教学时，笔者利用希沃白板为学生制作了大量"识字加油站"相关的图片、小视频，以此来提高学生对陌生词语的认知和积累。同时，还利用希沃白板为学生设计了诸多的互动教学环节。

　　环节一：利用希沃白板出示《囊萤夜读》的故事，以调动学生自主探究欲望，为互动教学奠定基础。

　　环节二：利用希沃白板演示"悬梁刺股"，并将教材中的"凿壁借光"加以呈现，提高学生对教材中"铁杵成针"的直观感。并让学生自己找出教材中的关键词句以提高互动教学过程中学生的参与积极性。

　　环节三：指导学生进行自主的"了解"后，利用希沃白板演示教材中的"难点"，鼓励学生结合课文自主对不同的"突破"进行描述，通过互动教学提高、强化学

生对教材中多种词汇的理解，提升学生语言表达能力。

由此可见，利用希沃白板为学生创设的开放性互动教学情境，既可以促使学生保持较长时间的学习活跃度、专注度，还可以调动学生的语文课堂学习热情、激发学生兴趣，同时也能够促使学生在互动教学环节中不断提升自身语文学习能力、语文表达能力。

三、利用希沃白板，促进学生知识建构

语文核心素养就是学生对语文知识的综合运用能力，其中涵盖了学生语文学习能力、学习方法、学科认知能力、语文思维能力及语言、文字运用能力等。因此，语文教师可以利用希沃白板来实现对学生语文知识综合运用能力的培养与训练。例如，笔者会利用希沃白板开展语文"思维导图"复习教学，将某一节或一单元的语文关键点、难点、句型、语法或是易错之处加以有机整合，再将这些语文知识进行整理、连接、归纳并形成"导图模式"。此外，笔者还会利用希沃白板的交互性、开放性特点，引导学生结合"思维导图"进行自主的知识树的建构，在提高复习教学效果的同时，也能够培养、提升学生语文知识自主建构的能力，使之在知识自主建构过程中逐渐加速知识内化，成为自己所掌握的新知识。另外，笔者还会利用希沃白板的开放式教学优势为学生创

设更多的开放式学习情境。

例如，在三年级下册语文课文《花钟》教学时，笔者就利用希沃白板为学生创设了一个具有开放性的讨论问题："花钟是指什么"，以此来激发学生自主参与、自主思考的积极性，以满足学生自主探究的欲望。同时，笔者还会借助开放式的教学情境与教学内容来引发学生内心深处的思考——如何给花设置开花的时间顺序画图，完成教学环节的板书。学生课堂上自主参与的积极性得到提高，运用希沃白板大胆尝试，学生兴趣盎然。学生在完成该节语文学习内容之余，也能够在开放式教学情境下，实现自我思考、自我反思，这对提升学生语文学习能力、培养学生语文核心素养均具有积极作用。

总之，希沃白板作为现代化教学手段之一，既具有良好交互性、开放性，也可以有效地丰富语文教学内容。因此，小学语文教师在课堂教学时，也要善于利用希沃白板来开展相应的语文拓展教学、创新教学活动，并在立足教学大纲、教学内容及实际学情的基础上，有目的地将更多的语文知识与教学实践进行整合与创新，真正地将希沃白板的教学优势发挥出来，为全面提升小学生语文核心素养奠定坚实的基础。可谓是希沃白板助力课堂教学"如虎添翼"。

✿ "悟"诗情四部曲

摘　要：古诗是小学语文教材中一类较特殊的课文，从语言文字上看，它用的是古汉语；从表现形式上看，它含蓄凝练、节奏强、跳跃大；从叙写的内容上看，它离我们的时代较久远……这些都给小学生读解古诗、体味意境带来了困难，也增加了古诗教学的难度。在教学实践和探讨中，我们认为根据具体诗文，有时可以灵活采用这样的教学结构模式：（1）知诗意；（2）解诗句；（3）悟诗情；（4）入诗境。

关键词：知诗意　想象情境　情感体验　入诗境

　　为了解决字词理解的困难，以往我们常采用这样的教学结构形式：（1）解析词句；（2）理解诗意；（3）感受诗情。这种教学结构较充分地体现了阅读教学从语言文字入手，理解课文的内容、体会课文情感的教学思路。但是，由于学生在学诗前缺少对整首诗歌的初步感知，有时会造成理解和感受缺少整体性和有机性的问题，因而也难以达到进入诗歌意境的较高层次的读诗境界。在教学实践和研讨中，我们认为根据具体诗文，有时可以灵活采用这样的教学结构模式：（1）知诗意；（2）解诗句；（3）悟诗情；（4）入诗境。这样的结构模式的提出有两个理论依据。一是它符合人们认识事物的一般规律。认识的规律认为，我们认识事物一般总是由浅入深、由表及里、由此及彼的这样一个不断深化的过程。从初步感知诗歌大意，到深入理解诗句，再到体味诗歌的艺术境界，符合人们的认识过程。二是它符合语文阅读教学一般过程，即"从初读课文整体感知到局部讲读加深理解，最后到总结课文整体研读"。因此，这种教学结构更符合语文阅读教学的规律，更具有科学性，在教学过程中更能收到好的效果。

一、知诗意

这是古诗教学的第一步，教师着眼全诗，引导学生通过多种方式获取与全诗有关的概略性信息，初步地感知诗意。

从插图入手感知诗意。现行小学语文教材中，几乎每首古诗都配有插图，这些图往往从某些角度揭示了诗意，教师必须充分地利用"图资源"。教学时，可先指导学生观察图画，在观图中让学生了解诗歌大意。如《游园不值》的插图是诗人在春日去访友但没遇见友人，却见友人院内已是春色满园，一枝红杏探出院墙。教师可以引导学生观察图画，明确：图中画的是谁？什么季节？他在干什么？看到了什么？将这些问题有机地联系起来，就是这首诗要表现的基本内容。

从诗题入手感知诗意。有的诗题就揭示了诗的基本内容，学生只要懂得了诗题的意思，就能初步感知全诗内容。如《九月九日忆山东兄弟》一诗，可引导学生先弄清"九月九日""山东""忆"等词语所指的意思，这首诗的内容大体上就了解了。

从旧知入手感知诗意。学生学习过一段时间古诗后，就会逐步储备积累一些古诗的相关知识，这时教师就可以调动学生已有的旧知，促进对新授诗的感知。教师要善于寻找到恰当的"知识停靠点"，如《泊船瓜洲》教学时，让学生在初读的基础上，引导他们回忆以往学过的古诗，哪些诗的诗题与此诗相似？如《暮江吟》，这样的诗一般是写什么的？猜想一下，要学的这首诗可能是写什么的？

对于小学生来说，初步感知诗意是学习一首古诗的起始，其认识是粗浅的、表层的、概略的。这时教师应该允许"不求甚解",不必提过高的要求,甚至对某些认识上的偏差,教师也可以暂时放一放,而在以下几个环节的学习中再来解决。

二、解诗句

学生对全诗大意有了整体上的感知后,接下来可以指导学生学习诗歌的词语和句子,通过对诗歌词、句的进一步理解,深化对全诗的理解,纠正初步感知时可能出现的偏差,为体味诗情、进入诗歌意境做好准备。

解释诗句要围绕阅读目标进行,因而首先必须明确阅读目标。抓住诗歌大意,教师指导学生思维发散,引导学生提出疑问,最后师生共同确立阅读目标。如《泊船瓜洲》的诗歌大意是诗人瓜洲夜泊时的所见所思。那么当时诗人看见的是什么呢?想到的又是什么呢?这样一疑一思,诗歌的基本阅读目标就明确了。

接着,教师就应该启发学生在字里行间寻找答案。具体可以通过以下一些操作来完成:

一是再现形象。诗歌其实是以形象来说话的,读诗也就是要把握住诗人创造的形象,将其再现于自己的头脑之中。基本方法就是教师指导学生抓住关键词句,通过想象实现语言符号到脑屏形象的转化,如"遥望洞庭山水色""露似真珠月似弓"等,可以要求学生用自己的语言描绘诗句表现的形象。

二是填补丰富。诗歌语言是凝练的、含蓄的、富有跳跃性的，诗人也往往只撷取生活中美丽的"碎片"加工成诗，因而要再现诗歌形象，就要求读者作必要的补充、丰富。教师要指导学生调动自己的生活知识，把一些隐含在字里行间的内容挖掘出来，把"碎片"还原成完整的形象。如"松下问童子"，问的是什么？再如"独钓寒江雪"，应是老翁独自一人，在漫天飞雪中，在凄寒的江上垂钓，理解时需要做调整和补充。

三是联想深化。联想是由表及里、由此及彼地进行理解的一种很好的方法。诗歌中的弦外之音、象外之旨就可以通过联想读到。如学生想象"四海无闲田"的景象后，接着引导他们联想，按诗歌所描写的，农夫们照理应该怎样？按常理，农夫应丰衣足食，但诗歌最后却写"农夫犹饿死"，启发学生通过对比，思考深化。

三、悟诗情

在逐一理解诗句的基础上，学生的认识又较初步感知阶段深化了。这时，教师应该及时地把学生带回到全诗的把握上来，着重体会诗人所表现的思想感情或明确诗歌所蕴含的道理。例如，为什么诗人在泊船瓜洲时会在内心问自己"明月何时照我还"？这是怎样的一种感情？为什么看到庐山千变万幻的峰峦，诗人就会说"不识庐山真面目，只缘身在此山中"？他讲了一个什么样的道理？通过对这些问题的进一步探究，引导学生悟情明理，把古诗读懂、读好、读活。具体可采用以下方法：

一是依"象"悟情。即引导学生通过诗句的想象形象为基础，进一步体验"象"中之意、"象"中之情。学习"一枝红杏出墙来"时，教师可以让学生体会，诗人为什么要特别描写一枝红杏？诗人看到这一枝出墙来的红杏，是怎样的心情？

二是读诵深化。学生有了情感体验后，立即趁热打铁，有感情地朗读，甚至背诵诗歌，加深对诗人情感的体味。

四、入诗境

读诗的最高境界是进入诗歌意境。这对于小学中高年级的学生是可以做到的，但教学中往往难以达到，这就直接影响了古诗教学的效果。进入意境就是引导学生真切地体验诗人所创造的那个景象和情感水乳交融的艺术境界，为之动情。如诗人为什么看到"春风又绿江南岸"，就会产生"明月何时照我还"的动情发问呢？进一步探究诗人眼前所见之景，和由此而产生的情是怎样自然而有机地结合在一起的，让学生体验，这是怎样的一个天地。在"入诗境"中我们可以借助以下一些方法：

一是朗读入境。即借助朗读想象，悟情入境。

二是复述入境。把诗歌用自己的语言描述出来，并融进了自己的理解、想象、情感体验，较自由地走入诗歌境界。

三是表演入境。有些诗歌，可以通过让学生扮演抒情主人公或诗中人物，较"实在"地构建起一个诗歌所表现的艺术天地，让学生似乎直接进入了诗歌意境，如《小儿垂钓》等。

四是描摹入境。有些山水诗歌，大都是"诗中有画，画中有诗"。让学生尝试将诗中的实物凭借自己已有的生活体验画出来，描摹诗中的景物，深化学生的认识，从而达到体验情感的目的。如小学教材中古诗《望天门山》中两岸遥遥相望的青山迎面而来，一只帆船从远处的天边驶来。学生可以将"两岸青山相对出，孤帆一片日边来"的景象画出来，教师结合图画稍作指导，学生就能够感受诗的意境了。

品诗悟情，意蕴无穷

我国古诗语言含蓄凝练，意境优美深邃，是经过历史的淘洗后留存下来的辉煌的艺术宝库，它表现中华民族的特点、人民的思想与感情，具有很高的思想价值和艺术价值。小学语文教材中精心选录的四十几首古诗更是其中脍炙人口的典型之作。虽然篇幅短小，但在短短的二三十个字中就熔形象、感受、艺术于一炉，是很好的美育材料。

然而，由于时代背景的差异，即使向学生提供全诗译文，他们也根本无法真正理解诗意，体会诗的深刻内涵，又怎能达到小学语文课程标准中所要求的"体会作品的内容和情感"？因此，作为教师，在每一首古诗教学之前，自己必须先细细琢磨，体味诗中所蕴含的意境，再以情感为纽带，从而让学生在头脑中再现诗人所创造的完整丰富的艺术形象，最终达到潜移默化的审美教育的目的。

一、借助生活体验情感

形象的感知比抽象的分析讲解更容易激起学生的兴趣，生活中优美的事物，赏心悦目的直感总能唤醒人的审美欲望和情趣。例如，教学古诗《泊船瓜洲》，可启发学生想象，假如你来到江边，望到了对岸，而你的家乡就在离对岸不远的地方，你会怎样想呢？并让学生大胆想象诗人确定"绿"字前曾用过哪些字。再采用比较的手法，讨论为什么用"绿"字比用别的字好。学生在讨论比较中体会到"绿"字确实给人以画龙点睛之感，"绿"字用在这里仿佛在人们面前展现了一幅春风吹过，江南景象一下子变绿的画面，尽情地表达了诗人对江南家乡的热爱和对家乡美景的思恋。这样，学生通过自读、比较、讨论、品析感受诗情美，从心灵深处受到美的熏陶，性情也得到了陶冶。

再如王安石的《元日》："爆竹声中一岁除，春风送暖入屠苏。千门万户曈曈日，总把新桃换旧符。"描绘的是人们喜迎新年，忙碌而愉快的情景。教学时启发学生联想自己过年时的心情，使他们脑海里呈现出欢乐祥和的画面，再介绍一些有关中国农历新年的风俗，学生通过结合生活体验从而感受到诗中的画面美。

二、借助画笔描摹情感

诗与画之所以能够相通,是因为两者有某些共同的审美特性,如诗与画都具有色彩美、结构美、韵律美、意境美等等。因此,唐宋许多著名诗人的诗句,常常被人选作绘画的题材。从小学教材中所选的古诗看,其中不少堪称"诗中有画"的名篇。把诗与画结合起来进行教学,通过作画,具体而形象地再现古诗中的画意,唤起学生丰富的联想,从而引导学生深入体验古诗情景交融的境界,产生对大自然奇妙造化的赞美之情。

如杜甫的《绝句》:"两个黄鹂鸣翠柳,一行白鹭上青天。窗含西岭千秋雪,门泊东吴万里船。"全诗一句一景,合起来则宛如一幅浑然一体的画卷。其中,对景物色彩的描绘有鹂之"黄"、柳之"翠"、鹭之"白"、天之"青"、雪之"白",还有暗含诗中的江之"蓝"、船之"褐"等。这些色彩绚丽的景物,远近高低相映成趣,真是一派春和景明、令人赏心悦目的景象。让学生在熟读古诗中想象诗句所描绘的图景:两只黄鹂鸣叫于翠柳间和门口停着自东吴来的船的近景图;高处一行白鹭飞上青天和西边山岭上千年积雪的远景图。同时让学生在吟咏后,动手画图,根据想象画出包含近景图和远景图的春景，并着重指导学生按诗中的"黄""翠""白""青"四种颜色来给春景图上色，从而体会诗人所描绘的绚丽的生机勃勃的春天的景色。这样借助画笔来激发学生想象，感受古诗的语言美及其所蕴含的形象美，体会诗人营造的意境，最终达到审美教育的目的。

三、借助音乐渲染情感

音乐的语言是微妙的，也是强烈的，给人以丰富的美感，往往使人心驰而神往。它以特有的旋律、节奏塑造出音乐的形象，把听者带入到特有的意境中。音乐语言与文学语言的结合会获得意想不到的效果，特别是节奏鲜明，韵律和谐的古诗词。我们现今的许多音乐家也总喜欢把古词谱成曲，如电视剧《三国演义》的主题曲歌词就是由《临江仙》而来，又比如《虞美人》《水调歌头》《孔雀东南飞》等。

为了达到更好的教学效果，根据古诗内容、思想感情、节奏、韵律、句式等配上不同曲调乐曲，使学生沉浸在古诗特定的情感氛围中。如《春晓》一诗教学时，让学生闭上眼睛，想象那幅瑰丽的春景图。在学生想象品味的同时，老师用舒缓的语气和着优美的乐曲吟诵：春天是美丽的，有醉人的花香，有迷人的风景。但更能打动诗人的却是那喧闹的春声。当诗人在春睡中醒来时，首先听到的就是鸟的啼叫。这"处处"都可听到的清新婉转、此起彼伏、远近应和的鸟鸣声声，是春天带给诗人的欢乐。同时，更令作者痴迷的是昨夜里的一场春雨。在那静谧的春夜里，淅淅沥沥的春雨会给人多少如烟似梦般的想象，而那落红片片、绿意浓浓的雨后的春日清晨又该是多么清新美丽。在老师的引领下，学生感受自然天成的美的世界。这种境界，这种瞬间迸发出的感受，如同一股清泉流入学生的心田，沁人心脾，使人陶醉。

四、借助笔墨抒发情感

就古诗而言，诗人往往将自己的感情、愿望寄托在所描写的客观事物之中，使自然事物好像也有了人的感情，从而创造出情景交融的艺术境界。诗中事物的情感是随着人的情感变化而变化的。如杜甫的《春望》："国破山河在，城春草木深。感时花溅泪，恨别鸟惊心。"国家残破，在诗人眼中，连盛开的花儿也会落泪，鸟儿的鸣啭也令诗人心悸。可见战争之乱给诗人带来的伤害是巨大的。这两句诗情景交融，意在言外，构成了风韵天成、含而不露的独特的意境美。

"有境界则自成高格。"古诗的意境美，是诗人在创作中的刻意追求。因此，在古诗教学中，教师也应该十分重视引导学生领悟诗中的意境美，进行情感体验。如在教学《送孟浩然之广陵》时，学生熟读诗句，理解诗意后，让他们想象古诗描绘的画面，具体生动地把它写下来。学生通过情感体验，自己仿佛就变成了诗人，眺望着孤帆的远影，吟诗长叹……他们参与情感交流，把客观对象主观化，从而融情入景，深刻地理解了诗意。

祖国文化源远流长，古诗在我国文化史上有着不可替代的地位，作为一名小学教师，应充分挖掘情感因素，带领学生走进古代艺术殿堂，去领会诗意，感受诗情美，这是我们义不容辞的责任。

语文课堂的精彩源于"还给学生"

走进了新课程改革背景下的小学语文教学，在这一过程中，我真切地看到了自己成长的轨迹，真切地感受到了一位位充满活力的教师，一节节撞击着智慧火花的语文课堂。语文课堂的精彩源于"还给学生"，还给学生一个展示自我的课堂。

一、还给学生一个"情感的课堂"

一个语文教师应该让学生觉得极富"激情"。在语文课上，如何体现语文学科的"人文性"，其基点就在于"点燃情感"。一个没有激情的教师，如何能调动学生的情感，让学生充满热情地学习？展现给学生一个"充满激情的我"，陪伴孩子度过每一段"激情燃烧的岁月"！

那天我们在学完《装在信封里的小太阳》一文后，引发学生讨论：你们喜欢文中的丹尼斯的父亲吗？学生们迫不及待地举手，纷纷表示喜欢。其中一个学生小铭说："我喜欢，因为丹尼斯的爸爸让犯错的孩子用特别的方式承认错误，他不仅有一颗仁慈的心，也有着无数的智慧，还成就了孩子库伯辉煌的时刻。"另外一个学生小赐说："我喜欢丹尼斯的爸爸，因为他给库伯一个改过自新的机会，想出了一个机智的办法，让库伯摆脱了做小偷的命运，让库伯做了一个优秀的警察。"还有一个学生小康说："我喜欢丹尼斯的爸爸，因为他有两种方法可以用，一是直接把库伯揪出来，如果是那样库伯就会在同学面前抬不起头。而他采取了第二种方法，既不让库伯尴尬，又能让库伯承认错误并且改正错误，他是一个极具智慧的父亲，我喜欢他。"学生言语的精彩让我感受到了他们的言语里透出的情感判断和智慧火花。

尊重"需要"，注重"激趣"。一个优秀的语文教师应该尊重学生的认识，通过多种方式在教学过程中激发学生学习兴趣，或直观演示，或旁征博引，或巧设悬念，激发他们的写作欲望和动机，创造"我要写""我想写"的积极教学气氛。为了激发学生的习作兴趣，我在《我喜爱的影视片》这篇习作教学时，找来电影《狼牙山五壮士》和《小兵张嘎》的影视图片和资料与学生一同欣赏。当五壮士昂首挺胸，壮烈豪迈地跳下悬崖的画面呈现在孩子们眼前的时候，我是那样真真切切地感受到了他们敬佩的眼神！他们太感动了！我顺势扣之心弦地提出："你们想说些什么呢？你还想说些什么？那你们就把你们想说的都写下来吧！"孩子们个个兴趣盎然，跃跃欲试，挥笔而作。"登山则情满于山，观海则意溢于海。"教学当中的"情"犹如教与学双边活动的"催化剂"，有了它，学生才会在教师的点拨下进入写作佳境，一切才能水到渠成。

二、还给学生一个"交流的课堂"

以前的语文课堂，学生只是被动的倾听者，谈不上和谁去交流。我们要还给学生一个"交流"的课堂，实现"文本对话"、"师生交流"和"生生交流"。我常常在课堂上要学生围绕"课题"质疑，引发学生思考。如在教学《十年后的礼物》时，学生围绕课题展开讨论：为什么要在十年后才送礼物？礼物是什么？学生带着问题读课文，同时展开讨论，这样一来也就解决了课文的重点，教学问题迎刃而解。

三、还给学生一个"开放的课堂"

（一）让孩子去展示自己

教学不仅仅是一种灌输，更多的是学生的一种体验、探究和感悟。给孩子多大的舞台，他就能跳出多美的舞蹈。课堂是什么？课堂是激情燃烧的"动感地带"，是他们求知、创造、展示自我、体验成功的平台，是学生健康成长的地方。学生的潜力是无限的，关键在于教师是否给了学生足够大的平台。孩子的想象力有时简直是我们难以想象的。教师在《心正笔正的柳公权》教学时，接触到了一组形近字，"铮"和"诤"。这一直以来都是教学的难点，我让孩子们自己思考如何区分，竟得出了这样的答案："诤"是指柳公权敢于直言正谏，所以是"言"字旁。而"铮"是说他做人铁骨铮铮所以是"金"字旁。学生的言辞让我感受到他们有能力区别认识字义，所以把课堂交给他们换来的不仅仅是教者的轻松，更是学者的成长与收获！

（二）注重实践，多方面感悟语言

叶圣陶先生曾说过："教材无非是例子。"因此，利用好例子教给学生学习方法之后，接下来的应该是学生大量的实践。只有在实践中，学生的能力才能不断巩固、提高。基于这个思想，我经常搜集课外阅读材料，推荐给学生阅读。在《望天门山》教学后，引领学生阅读背诵了《望庐山瀑布》《望洞庭》等十余首古诗，使学生们了解到了更多类似题材古诗，无形中又积累了许多古代诗歌。

（三）巧妙设疑，抛砖引玉

学生作文讲评课上，有学生以"真诚"为话题拟定了一个冗长的作文题目：《我因为失信让我失去了一个朋友》。面对话题作文中要求学生自拟题目，由此作文标题我抛出质疑：标题可以这样长吗？学生展开激烈的讨论后得出了作文标题要紧扣"巧妙、精简、新颖、准确"的特点，从而提出诸如《朋友，请别走》《没有兑现的承诺》《失信的代价》《后悔》《朋友，请原谅我》等标题。教师让学生通过"说"和"改"把感情表达出来，课堂教学在这激烈的情感碰撞中进入高潮，学生在探讨的过程中收获满满。将课堂还给学生，无疑带来的是精彩不断。

🔖 语文教学不容忽视"以读悟情"

最近旁听了几堂语文课，教师对课文进行烦琐的内容分析，虽然能够娓娓道来，但是学生的朗读水平存在很大的问题。针对当前小学语文阅读教学中存在着"串讲串问"现象，课堂上有学生能够流利、准确地朗读课文的现象很少。古人也曾有"书读百遍，其义自见"的学习古训，课标也进一步强调：阅读是学生的个性化行为，不应以教师的分析来代替学生的阅读实践。让朗朗的读书声回到课堂，这是每一位语文教师应该做到的。

阅读教学过程中应该要让学生充分地读课文，在读中整体感知，在读中有所感悟，在读中培养语感，在读中受到情感的熏陶。然而，读是有层次性和指向性的，在课堂中，教师要引导、组织学生，带领学生在读中逐步深入地理解课文，展开与文本的对话，通过"以读悟情"，从而达到"以读代讲"的效果。

一、兴趣是"以读悟情"的钥匙

"兴趣是最好的老师"，教学时，老师应想方设法调动学生阅读的积极性，使他们产生阅读兴趣，有了读书的兴趣，才有了读中感悟的前提。因此，我非常注重对于学生阅读兴趣的培养和调动，鼓励学生利用课前的预习，搜集材料为学习课文做铺垫。如上《走进丽江》一课前，我让学生上网或到阅览室搜集有关资料，使学生对丽江的"神奇而美丽"有所感知。通过深入的了解，课内外学习融为一体，既让学生对课文内容加深理解，提升了对课文思想内涵的感悟，又引发他们读书的兴趣。

二、初读是"以读悟情"的敲门砖

要想让学生全身心投入到课文内容中来，理清楚文章的思路，首先就要让学生通读一遍课文，从整体入手对课文内容有个大概的了解。如在上《五彩池》这一课时，一开始我先让学生自由朗读课文，读的过程要带着问题思考：文章是从哪些方面介绍五彩池的？找出描写精彩的句子读一读。由于学生通读了课文，这样对课文内容、思路也就整体感知了，为后面讲读课文铺好了路，为学习语文对词语感悟，对思想感情的感悟打下基础。

三、精读是"以读悟情"的重心

在初读了解课文内容后，就应侧重从语言表达的角度，看看课文是用怎样的语言文字及结构方式来表达课文内容和情感的。这时采用的方式是品味式的阅读，通过阅读体会、感悟文章语言的精妙和情感的深邃。而品读又是建立在品词品句的基础上，只有品出词句的内涵和情味，才有可能读出感情来。

（一）抓住重点词句品读，读中感悟

课标指出：要"理解词语在语言环境中的恰当意义，辨别词语的感情色彩""要联系上下文和自己的积累，推想课文中有关词句的意思，体会其表达效果。"所以在教学中应注意让学生在掌握词语确切含义的基础上体验、感受，提高语言感知的能力。而对词或句的比较、揣摩是"以读悟语"最基本的方法，只有悟语，才能悟情，悟语有多深，悟情才有多深。比如，上《钓鱼》这一课，课文中有一句"啊，这样大的鱼！"学生读时，语调很平淡。我这样问学生："这是一条怎样的鱼？"学生回答："大鱼。""作者当时钓到这条鱼时，心情怎样？""既高兴又惊喜。""那么你们读出鱼的大，和作者的惊喜了吗？

应该怎样读?"通过反复比较读,学生终于感悟到作者钓到大鱼时的高兴、惊喜之感。

（二）图文结合，读中感悟

阅读教学就是要引导学生在读中理解，读中感悟，从而受到情感的熏陶。在教《桂林山水》一课时，在学生读到漓江的水的特点时，我要学生对着多媒体的课件反复朗读，让学生在欣赏图片的基础上加深朗读体验，结果学生背诵起课文来都显得特别轻松了。

（三）创设情境，读中感悟

为了使学生更好地感悟文本，教师还要依据教材有意识地创设典型场景，使学生在特定的情境中感悟。因为在情境中学习不仅有助于学生对语言表层意思的理解，而且会产生顿悟，领会语言内涵，有利于提高学生感悟语言深层含义的能力。情境感悟可从动作表演中感悟和情境再现中感悟。如课文《爷爷的芦笛》一课中，我让学生表演强强裹紧被子，蜷缩成一团，大声呼喊："爷爷！爷爷！"在表演中抓住文中的关键词"裹紧""蜷缩""呼喊"的感悟，通过学生动作表现出来。表演时，有的学生开始有点不好意思，需要教师的适时点拨。学生恰到好处的表演加深了学生对课文的理解，提升了他们对文本的感悟能力。

四、范读是"以读悟情"的法宝

哲学家黑格尔说过："教师是孩子们心目中最完美的偶像。"在引导学生感悟时，教师的范读起到身体力行的作用，对学生有重要的指导意义和相当的影响力。教师范读时的表情、语气、语调都能作为一种信息传递给学生。教师如果能给学生正确的、动之以情的范读，就会使学生潜移默化地受到感染，自然地受到熏陶。在教授古诗时，学生的语言节奏总喜欢拖拉。于是我要他们感受我抑扬顿挫的朗读。我常常在学习新课时给学生范读，用美好的声音、真挚的感情去感染学生，这样对学生感悟文章内涵起到了锦上添花的作用。

诗歌教学巧借多媒体创设情境

　　情景教学是教师根据课文所描绘的情景，创设出形象鲜明的画面，辅之以生动的文学语言，并借助声音的艺术感染力，再现课文所描绘的情景表象，使学生如闻其声，如见其人，如临其境。随着现代教育技术的推广和普及，多媒体在教学中的应用越来越广泛。在小学语文的情景教学中，恰当地使用多媒体课件，能给学生带来视觉、听觉等感官上的冲击，从而优化语文教学。

　　我国古代大教育家孔子说："知之者不如好之者，好之者不如乐之者。"兴趣是最好的老师，而情境又是激发学生兴趣的动力和源泉。如果学生对学习感兴趣，教学就可以达到事半功倍的效果。教师可针对学生的年龄特点，恰当、巧妙地利用多媒体电教手段，把声、形、情、境熔于一炉，来创设、渲染课堂气氛，为学生营造一个良好的学习氛围。有了良好的情境创设，才能激发学生学习新知识的兴趣。有了浓厚的学习兴趣，才能激发学生探求新知识的欲望。在探求新知识的过程中，学生就有新的发现，新的发明，新的创作。因此，创设良好情境，能激发学生的学习欲望。通过这种方式，学生们的情绪很容易调动起来，注意力集中，思维活跃，就能收到良好的教学效果。

一、运用多媒体技术——创设情境

（一）创设阅读情境——铺垫学习

《题西林壁》一诗描写了庐山"横看成岭侧成峰，远近高低各不同"的秀丽景色，表达了作者对"当局者迷，旁观者清"道理的认识。为了让学生理解"不识庐山真面目，只缘身在此山中"的意思，教师可利用多媒体课件将学生带入情境之中。在教学中可以分为以下几步实施：

1. 出示庐山风景画面，并利用 Flash 技术，围绕诗中庐山的"峰"和"岭"用图片突出各自的形貌特点，让学生通过观看图片展示的情境直观地理解诗句"横看成岭侧成峰，远近高低各不同"的意思。

2. 教师利用画图软件，把"庐山"做成一个"热区"，点击"庐山"这两个字，播放录像，利用假想旅行的方式把学生带进神奇和秀美的情境之中：大屏幕上出现了云雾缭绕的庐山，层峦叠嶂、美不胜收……此时学生被多媒体课件带入了奇美的情境中，为庐山的秀美所吸引，所倾倒。他们兴趣浓厚，思维活跃，主动探索，为下一步的学习营造了良好的氛围。

3. 教师适时出示本文的名句："不识庐山真面目，只缘身在此山中"，有了刚才的录像做铺垫，学生很快理解了"当局者迷，旁观者清"的道理，理解这个成语的同时也点出了庐山在世界游览胜地中所具有的独特的地位，激起了学生学习课文内容的强烈欲望。

以上情境的创设，既渲染了气氛，又缩短了学生与课文之间的距离，也激发了学生浓厚的学习兴趣，为课文的学习做了完美的铺垫。

（二）创设历史情境——升华情感

捷克著名教育家夸美纽斯认为："一切知识都是从感官的知觉开始的。"在语文教学中，恰当运用多媒体教学，可以使学生共享文字、图像、音乐等，缩短教学时间，增加教学密度，多角度激发学生的好奇心与求知欲，较好地培养学生非智力因素，促使学生观察、思维、理解能力的形成。多媒体辅助教学有着直观、形象、生动的特点。例如，在《从军行》一课教学时，教师利用多媒体图、文、声并茂的特点及动画演示的功能，播放动态画面，刺激学生各个方面的感观，以激起学生强烈的求知欲。教师首先展现唐朝战争时的历史场面片段，接着由音响播放紧张而又有窒息感的背景音乐，再现了英雄保家卫国的场面。从刚上课就把学生置于紧张的战争情境中，吸引学生的注意力，激发学生爱国热情。让学生深刻地体会到戍守边关战士奋勇杀敌这一伟大壮举，沉重地打击了侵略者的嚣张气焰。它同时也向人们表明战士们视死如归的决心！在教学中，创设一定的历史情境，把学生的学习活动融入情境之中，使学生由浅层感觉深入到思维和情感领域，更加理解战士们浴血奋战的决心，从而引起情感的升华，便于学生对诗歌意思的理解。

二、活用多媒体技术——渲染情境

音乐声调的摇曳和人的内心情感波动大致相同。教学中选择与教材语言整个基调、意境上和谐、协调的音乐。学生通过身临其境式的体验，很容易从音乐的感知中产生情感体验，激起类似的心灵共鸣，引起情感上的认同，激发学生的求知欲望。例如，在教《假如》这一课时，使用课件将神笔马良的故事再现，伴有音乐的视频画面让学生感觉到马良画笔的神奇，将学生引入了幻想联翩的世界。就在课堂上学生展开想象时对学生提问："假如你有一支马良的神笔，你想画什么？"学生畅所欲言，课堂气氛就被激活了，学生的课后小练笔也完成得相当精彩。

三、巧用多媒体技术——展现情境

借助多媒体特有的构图美、色彩美可以把课文中各种美的元素诸如形象美、意境美、语言美直观地展现出来，从而使教材的文字描述变得更鲜明、更强烈、更集中。学生在身临其境的快感中，自然而然地进入读书有味、读书入情、读书用心的境界，自觉愉悦地投入学习，学习负担自然就减轻了。小学生认识事物的特点一般是由直观形象到抽象，由感性认识到理性认识的过程。多媒体课件能为学生提供生动、逼真的教学情境，能为学生营造一个色彩缤纷、声像同步、能动能静的教学情境。在教学中，恰当运用多媒体课件创设情境，能很好地激发学生的学习兴趣。

如《走进丽江》是一篇文字非常优美的文章，如果单凭说教式教学和训练语感式的朗读，丽江那充满诗情画意的人间仙境很难在学生面前完美地展示出来；那古老的城镇、淳朴的民风、圣洁的雪山、汹涌的大江很难在学生的脑海中留下深刻的印象。本课教学时，我借助多媒体课件，将丽江神奇、美丽的景色一一呈现在学生面前，再配上舒缓的音乐和精彩的范读，让课文内容自然流入学生的脑海，让学生面对如此美丽动人的神奇景色，由衷地感受到："丽江的景色真是太迷人，太神奇了，真乃人间仙境""丽江的景色举世闻名，让我心驰神往""丽江的风光旖旎，让我心旷神怡""有机会我一定要去丽江领略一下这人间天堂似的仙境"。学生对丽江的向往，激发了他们的学习兴趣，学生在轻松愉快的氛围及美的享受中学习并掌握了课文内容，感受到大自然之神奇。

四、妙用多媒体技术——再现情境

小学语文课本中的每篇课文都是经典之作，有的文章内容难免时空跨度较大。由于小学生生活阅历浅，因而不易理解，给教学带来了一定的难度。教师可以根据语文学科的特点，根据学生的年龄特点和心理认知特点，投入、运用或渗透情感并运用多媒体，展现出语文课堂教学具体、形象、生动、感人的环境和氛围，从听觉、视觉、触觉等多感观角度使学生身临其境，让学生在生动逼真的故事情节中去感受课文内容。这样，学生不管是从理解课文内容上，还是从体会人物的思想品质和领会文章的中心思想上，都会兴致盎然地参与，并且沉醉其中。

　　总之，在小学语文课堂教学中，采用计算机多媒体技术进行辅助教学，将极大地丰富教学表现手法和表现方式，主要在学生的视觉和听觉两方面极大地拓展时空跨度。利用多媒体，可润物无声般地使枯燥无味、抽象、难理解的课文变得形象直观，使学生由难学、厌学转入易学、乐学的轨道，变"要我学"为"我要学"，变"被动接受"为"主动吸收"，从而激发学生学习欲望，进而提高课堂效率。多媒体不仅可以给学生以思维上的启迪，触发学生积极思考的灵感，同时还会营造出一种愉悦、和谐、民主、平等的学习气氛，有利于学生从多渠道、多角度接收信息，扩大知识面，从而培养学生的思维能力，优化课堂教学，起到"锦上添花"之效。

诗香浸染，润物无声

——古诗教学中思想教育的渗透

古诗是中华民族艺术宝库中的一颗璀璨的明珠，它凝练含蓄的语言，深邃的意境，倍受人们的喜爱。它以极简练、形象的语言生动地描绘了一幅幅色彩明丽、动静相宜的画面，创设了优美的意境，表达了真挚的情感，千百年来脍炙人口。它作为中华民族的文化瑰宝，其价值不仅在于给人以艺术的熏陶，更能启迪人的思想，陶冶人的性情。文学大师金庸曾说："适宜少年儿童诵读的古诗文应在情与理之间。不是要让他们学习很多知识，更多的是一种情感……"培养学生正确的思想观念，不是一朝一夕的事，而是一个系统性工作。课改中教材固然是重要的，但在教学中运用教材传授知识的同时，不能一味地讲解文学知识，还应该注重学生思想教育，引导学生树立正确的思想观念，育人是根本。因此，在古诗教学中系统性地进行思想教育，丰富古诗教学的内涵，创设思想教育的情境，做利于学生良好思想形成的引导者，是语文老师的重要使命。那么如何将古诗教学与思想教育有机结合在一起，让学生在潜移默化中受到教育呢？下面谈谈本人粗浅的看法，以抛砖引玉。

一、了解背景，感悟作者的情感

文如其人，先了解作者的身世，了解诗人的创作背景、志趣等，考察作者生活的社会环境，再学习作品，才能更好地理解作者在古诗词中表达的情感。例如，《春望》写于杜甫被困长安时。作为伟大的现实主义诗人，面对国都被叛军占领的现实，想到自己与家人的分离，国愁家愁一齐袭上诗人的心头。了解了这些，就不难理解"感时花溅泪，恨别鸟惊心"的人生情感了。再如杜牧的《泊秦淮》，教师可先有感情地介绍时代背景：杜牧生活在晚唐时代，当时唐朝已呈衰落迹象，风雨飘摇，然而当朝的达官贵人却不顾国家安危，夜深了仍然在花天酒地，醉生梦死，有家不归，有案不办。杜牧是一个有正义感和远见的诗人，他在秦淮河畔看到这个场面后，感到非常悲愤：那些向歌女点歌的达官贵人，怎么就不知道亡国之痛呢？奢华不除，大唐必亡！与现代的反腐倡廉相联系起来，可以适当展开，点到为止。

　　只有对诗人的生平事迹、诗人写诗时所处的社会背景、诗人的写诗风格等方面的知识充分掌握，教师才能在教学过程中灵活运用，有机地将思想教育穿插其中。因此，做好课前的知识准备就显得非常的重要。

二、加强诵读，体验作者的情感

（一）在配乐朗诵中体验情感

　　教师选择恰当的音乐，让学生在乐声中朗读，感受作者的情感。语意的表达加上旋律的伴奏，可凸显出一个立体的情感世界，学生沉醉在这样的情感世界里，更容易体会作者的丰富情感。例如，在诵读《题临安邸》一诗时，可以选择比较哀伤的音乐，让学生配乐朗读，在潜移默化中理解了诗人忧国忧民的情感。

（二）在反复吟诵中体验情感

　　好的诗歌本身就是诗人"一唱三叹"吟出来的，而读者只有在反复吟诵中方能真切体验出诗人的复杂情感。在诵读中把握语气、节奏，充分感知准确的用词、生动的造句、感人的情趣等，使诗词内容立体化、形象化，从而充分理解作者的情感。课堂上，教师范读，学生自读、齐读，教师从语音、语调、节奏等方面加以指导，如杜甫的《闻官军收河南河北》是一首抒情诗。全诗充满了喜悦、激动之情。起句与七、八句节奏要急促，第五、六句要舒缓；"忽传""喜欲狂""即从""便下"读重音。这样朗读抑扬顿挫，学生的情感自然与作者的情感产生共鸣。

（三）在对比诵读中体验情感

对比诵读，可以是同一作家不同作品的对比诵读，也可以是不同作家相关作品的对比诵读。对比诵读可体验出作者情感程度的深浅、襟怀的宽窄、志趣的变化、人格的高下。教师引导学生体会《茅屋为秋风所破歌》表达的情感：饱经离乱的诗人在短暂的安定生活之后，一场无情的秋风刮破了他的茅屋，在慨叹自己苦难生活的同时，他想到了天下所有的"寒士"，希望为他们建成"广厦千万间"，自己冻死也无怨无悔。在对比阅读中，学生对诗人的忧国忧民的情怀有了更深的认识。

三、创设情境，感悟作者的情感

情境是一种以情感调节为手段，以学生的语言生活实际为基础，以促进学生主动参与、整体发展为目的的学习环境。

（一）巧用插图创设情境，感悟情感

语文教材的古诗词部分中有许多插图，这些插图以鲜明的形象再现了古诗词的情境。在引导学生充分体会插图表达的情感的基础上，教师再加以指导，使学生体会句子中更深层次的情感表达，学生的思想就能够与作者的思想感情产生强烈的共鸣。例如，《赠汪伦》一诗教学中，教师借助插图、音乐，引导学生进入汪伦送别诗人李白的热闹、欢乐的场景，学生可跟着一起跳一起唱，进而反复体味"桃花潭水深千尺，不及汪伦送我情"的喻义，分享二人之间的深情厚谊。在教授诗意之时，联系实际生活中的同学之谊，教育学生珍惜同学之谊，与人相处，有容乃大，结成友谊，受用一生。

（二）恰当使用课件创设情境，感悟情感

恰当运用课件，创设教学情境，能够培养学生的学习兴趣，帮助学生很快地进入教学情境，使学生在学会求知的同时学会做人，塑造健康丰富的精神世界。在杜甫《自京赴奉先咏怀五百字》的教学中，教师制作的课件中，有伫立沉思的诗人形象，有令人感伤的音乐，有深沉、舒缓、感情充沛的范读，在浓浓的教学氛围中，学生与诗人产生了强烈的情感共鸣。学生感受到诗人回到奉先县探望妻儿的时候，他意外发现小儿子已经被饿

死的悲切心情……诗人由自己的遭遇想到黎民百姓的苦难，悲愤万分，乃由此控诉政治腐败、聚敛残酷、贫富悬殊之佳句，"朱门酒肉臭，路有冻死骨"。

（三）创设氛围，感动学生

感人心者，莫先乎情。教师根据诗词的内容，有意地编排一些场景，运用有声语言、肢体语言及环境语言，创设出一种与诗词的意境相融合的氛围，让学生受到教育，并留下深刻的印象，这就需要教师的创造性的构思了。在这方面，教师不亚于一名编剧。教师可以根据不同的诗，设置不同的教育氛围，就像是一场成功的演讲，演讲者的讲演能引起共鸣，除了靠妙语连珠的口才，生动感人的故事，还要能调动现场的氛围。学生读诗，分享自己的亲身感受，可以让学生引起共鸣，起到事半功倍的效果。例如，在教授《游子吟》时，老师可以利用多媒体视频放映母亲思念儿女的画面，突出母亲的慈爱与辛劳，再配合一些动人的低沉而舒缓的音乐，老师用轻缓的音调讲述母亲的爱。还可以让个别受感染的学生朗读，并讲述自己的母亲是如何为自己操劳的故事，一种感人的氛围就产生了，学生自然而然就被感染，思想受到教育，并在脑海中留下深刻的印象。

四、理清脉络，感悟作者的情感

古诗中的语句往往情与义相通，教学中要准确把握古诗词脉络，理清情感线索，因情解文，以文义激发学生的情感，引起学生的思想共鸣，从而达到情感教育的目的。古诗词篇幅虽然相对较短，但是却是语言的精华，情感的浓缩，其中的情感脉络十分清晰。在《题临安邸》中，诗人望着沦陷的国都、荒芜的城池，心中感慨万千，无尽的愁绪挥之不去，美好的情景不但不能使他高兴，反而令他更加忧伤。现实、愁绪一线贯穿，层次清晰，理清线索后，再理解作者的情感就十分容易了，如气壮山河、慷慨悲壮的《过零丁洋》，饱含诗人无限惆怅的《泊秦淮》。在讲《示儿》这首诗时，则通过讲述作者的身世经历和时代背景等培养学生的爱国主义思想。这时穿插介绍一些诗话趣事、作者经历等，既可以陶冶学生的思想情操，又可以激发学生读诗的兴趣，可谓一举两得。如诗中的"但悲不见九州同"的"悲"字，是全诗的"诗眼""诗魂"，如何使学生进入意境，升华情感，是本诗教学的重点、难点。教者在学生意读全诗后，让学生边听录音，边看投影，再畅谈遐想，反复推敲。如此一来，学生与诗人产生了情感的共鸣，能深切体味这"悲"字是诗人悲自己终生的意愿没能实现，没能亲眼看到国家的统一；悲祖国大好河山破碎，中原人民仍生活在水深火热之中。这形声组合对学生感官的刺激，增强了形象性的感知，突破了教学的难点，使学生升华了情感，陶冶了情操。

古诗教学是一门艺术，思想教育是一项工程，将两者有机地结合在一起，是每位语文老师的心愿，这也对老师提出了更高的要求。利用古诗特有韵味，创设利于思想教育的意境，适时进行思想教育，以情感人，以情育人。正所谓"诗情浸染，润物无声"，思想教育就像细雨在不知不觉中滋润人的心田，让思想的嫩芽在古诗的土壤中发芽、成长，学生的性情也随之滋养。

让语文课堂不再沉闷

　　语文课堂，作为学生和老师开展教学活动的主要场所，应该充满着浓浓的诗意，语文是一门充满诗意的学科。语文学科不仅具有工具性，而且具有人文性。就一堂语文课来说，应该是美感与诗意的交流场所。为什么我们的学生越是到了高年级越是不喜欢参与到语文课堂的学习中来呢？为什么我们的语文课总是被人认为学不学对考试成绩无关呢？那么如何提升学生对语文课堂的兴趣，改变学生对语文课的认识，实现语文课堂的真正和谐，提高高年级语文课堂的学习效率呢？我做了如下尝试，浅知拙见与您共享。

一、创设和谐的师生关系是激发学生兴趣的动力

在我的语文课上，我喜欢学生举手发言，希望看到学生畅所欲言的场景，那样我会认为语文课堂充满活力。一直以来，我自认为我的课堂过程都是非常精彩的，思维的碰撞让我激情四射。学生时代的我一直感觉语文课堂缺少生机；现在执教，为人之师，自是倍加注意在课堂上调动学生的积极性。想要很好地完成教学活动，既要教得轻松，又要能使学生学到知识。可我现在执教的班级却让我头痛不已。课堂上常常是我提问，回答问题的同学却是屈指可数。为此，我常常在课堂恼羞成怒，甚至我也在反思究竟是学生的问题，还是自己的问题。如今，我重新认识了我的学生，放下了教师的威严和他们倾心交流。利用"语文乐园四"中的关于"克服困难"的经历，让学生就"为什么怕举手"展开讨论，而举手的学生依然寥寥无几。我压抑心中的怒火，心平气和地说："同学们，你们为什么怕举手呢？今天这堂课，你们要克服举手困难的问题，我看哪些同学能够战胜困难。"

很多同学纷纷表示不举手是因为胆怯，不仅仅怕老师的责怪，怕同学嘲笑的眼神，还怕自己回答错误等。从学生的回答来看，怕老师责怪的占多数。掩卷而思，

还是自己不够了解他们，不能责怪他们。于是，我微笑着对他们说："你们是觉得老师太严肃、太可怕，还是觉得老师太凶恶、太霸道？"学生摇头。我灵机一动，继续说："那既然是这样，我就放心了，看来老师还是蛮有亲和力的，那咱们来个'课堂朋友'协定：课堂上如果你们没有积极举手发言，是你们的错，那老师可以惩罚你们。如果你们举手回答问题，因为答错了老师批评你们，你们可以惩罚老师！"没有想到，话音一落，全场哗然。开始有人悄声议论，"这是真的吗？"有人说："老师，我以后一定积极举手，只要是我能够回答的问题，我一定全力以赴。""说得好！词语用得更好！""老师，我保证我节节课都举手发言！""亲其师信其道"，果然如此，我相信他们会不再沉默，就像此刻畅所欲言，说他们想说的，做他们想做的。正因如此，我们的课堂怎会成为一潭死水？我们的课堂怎能不精彩？

二、蓄意营造教学情景，质疑激活学生思维

那天，我讲解课文《狼牙山五壮士》，在要学生用简单的语言概括段落大意时，学生的思维很活跃。当时，其中的一个学生将第二段内容概括为：六连五班的战士接受任务引敌上狼牙山。我又问学生，有没有更简单的

说法。一男同学发言说："五壮士引敌上山。"谁知另一个男孩又抢着说："五战士诱敌上山。"我很高兴课堂讨论如此激烈，就接着让大家评价哪一个同学说得好，并说明理由。教室里顿时热闹非凡，学生们各抒己见。有同学说"诱"字更合适，因为能够体现狼牙山五壮士的勇敢与机智，与文章的内容相符。有同学说"引"字更合适，因为课文中的一句原文中出现了"引"字。他们虽然都各执一词，但我觉得学生在思考。我真的感到很高兴，真正的语文课堂就应该是这样，给他们思考的机会，在探究中学习，而不是以前老师直接将答案告诉学生，或是学生将参考答案复述，这样他们在探究中学习的权利就被剥夺了。教师不要怕时间不够就抢答学生的问题，索性直接告诉他们。"授人以鱼，不如授之以渔。"这堂课让我感受很深。

语文教学中只有时刻跳动着童心，才能焕发课堂生命的活力，才能彰显课堂的魅力。学海无涯，不能永远让"苦"作"舟"，应扬起快乐的风帆。

三、巧借"源头活水"，开辟"精神乐园"

学生在学习语文的过程中，难免遇到写错别字的现象，教师与其动辄发怒，还不如微笑应对，学生在收获欢乐的同时，还收获了知识。有一次布置学生写日记，题目是《快乐的节日》。全班有不少同学画蛇添足，把"庆国庆"中"庆"字广字旁里的"大"字上多加一点。于是，我给学生纠正错字时说了一句幽默：庆国庆是举国上下的一件大事，所以里面应该是一个"大"字，而不是一个"犬"字。如果是一个"犬"字，那会成什么意思呢？一语既出，满堂惊讶，接着大家便唱道："我们的大中国啊，好大的一个家……"我借机强调，既然那么爱国，那么你们就要不写错别字。学生情绪高涨，纷纷表示不再写错字。语文教学要让学生享受欢乐，课堂应荡漾欢快的笑声。语文教学要努力营造期待激励、亲近生活的情境，激活学生生命的张力，使学生感受生活的乐趣，感悟生活的妙趣。

语文的本色是诗意，语文的活力、灵魂、生命是诗意，语文教学的最高境界，自然也是诗意。给学生一个情感的课堂，一个感悟的课堂，一个开放的课堂，让诗意在语文课堂中流淌，打造充满诗意的语文课堂，让我们的语文课堂不再沉闷！

⑤ 小学古诗朗读教学中的情感体验法

　　小学生感受诗歌语言，感悟诗歌情意的最佳方法是诵读。如何在课堂上巧妙地运用诵读加强学生的情感体验，是我们一直在探索的教学方法。通过教学实践，我们发现诵读有助于学生对诗意的理解与把握，但采用这种教学方法宜注意以下四个方面。

一、以学生自主诵读为主，淡化教师的讲解

　　读的目的是为了引导学生品味出作品内在的情感，然而对作品内在情感的体会又会反过来有利于提高诵读的效果。以学生自主诵读为主，首先要给学生充裕的时间，要让学生充分阅读作品，沉潜其中，涵泳品味作品

意蕴。然后，通过反复诵读体会诗歌的语言，由语言到内容，感悟诗文的情意。因此，诵读应该建立在对作品意蕴理解的基础上，只有准确感悟作品的内在情感，才能读出感情来。淡化教师的讲解，首先应该淡化对字、词、句及语法的讲解。教师对诗句的教学，应尽可能避免采用翻译的方法，因为翻译会使诗味荡然无存。其次，教师不应把自己对作品意义的理解强加给学生，或者违背儿童心智发展的规律，对作品意蕴进行过深的挖掘，否则就会造成老师一个人在讲台上讲得慷慨激昂，学生在底下却听得昏昏欲睡的场面。例如，在讲授王昌龄的《出塞》时引导学生理解"秦时明月汉时关，万里长征人未还"，体验边关战士所处环境的恶劣，我们就不能直接去解释诗句字面意思，而是通过引导学生了解历史背景，借助多媒体展示画面渲染情景，学生再次朗读时就能品味情感，读出诗的意蕴。

二、"密咏恬吟"与默读相得益彰

遵循阅读记诵的原则，在实际教学过程中可呈现两种不同的读法，一种是出声的朗读，另一种是不出声的默读。朗读从读者发声的高低又可以分为"高声朗诵"和"密咏恬吟"两种形式。虽然许多老师在教学中十分注重对作品的朗读，但实际上重视的只是高声朗读，认为读的声音越大越好。不少学生理解大声朗读时就是直接让声音高，而对更具有个性化色彩的，更为自由、自然的低声吟咏——"密咏恬吟"却重视不够。殊不知"密咏恬吟"恰是进入诗歌意境，体会和再现诗歌韵味的有效方法。相对于出声的朗读，默读对于理解诗歌意蕴、体会作品情感更为重要。而在实际教学中许多老师采取以朗读代替默读，或者以讨论代替默读，以齐读代替默读等方式。其实，古诗教学不应该把重点放在对形式的追求上，而应紧紧围绕体验作品情感这个中心。对作品情感的体验关键在于一个"感"字，教师需要思考的是：如何能使学生内心对诗歌作品产生一种感觉。而对作品情感的体验，最为关键的步骤是学生和文本之间的对话。这个对话过程需要学生沉下心来，静思默想，咀嚼品味，仔细体会作品内在的情感。因此，在课堂上应该给出学生自己默读思考的时间，不能以讨论代替阅读，不能以大声齐读代替个人吟咏，不能以朗读代替默读。例如，在讲解《题临安邸》这首诗时，学生理解"暖风熏得游人醉，直把杭州作汴州"。我让学生通过静思默想来理解诗意，他们也就能够感受出当时官员的"醉生梦死"。这种情感体验就有助于引导学生体会到诗人忧国忧民的情怀，表达对统治者的愤怒之情。

三、尊重学生的个性体验

阅读是一种个性化的行为，阅读也是一种创造行为。学生通过与作品的对话，有感而后发。教师一定要尊重他们的独特感受。方智范老师说："首先要重视孩子独特的感受和体验，也就是他对作品有独特的反映，一定要重视。阅读是一种创造，所以不要让孩子被你的标准答案所束缚，让他们主动地去发现意义、创造意义。教师是阅读活动的组织者、阅读的促进者、阅读中的对话者，教师不是被动的，也不能将教师的地位降到和学生一样，他是学生与文本之间的一个中介。你这个老师做中介，那么你的思想深度、文化水准当然要高于学生。（老师）也可起向导作用，但不能代替。我们过去的中小学语文教学也曾采用谈话的方式，那种对话是老师根据参考书、根据课文，事先准备好结论，老师千方百计地引导学生猜测，实际上是'请君入瓮'。这种方法与阅读对话理论是背道而驰的。"因此，对于诗歌教学来说，教师应该十分重视学生对诗歌意象的独特感受，对诗歌意义的丰富联想。唯其如此，才能使学生对作品的意蕴有更透彻的领悟，也才能使学生的创造性思维得到发展。但应该注意的是，尊重学生的个性化理解并不等于对学生的任何想法都可以听之任之，包括胡思乱想也不加判断地一味肯定、称赞，这将会导致学生对作品的理解误入歧途。如在讲解陆游的《示儿》中诗句"王师北定中原日，家祭无忘告乃翁"时，引导学生理解"家祭"，让他们回忆自己曾经历的体验，如清明祭祖。他们都有过如此的情感体验，因而对于陆游至死不渝的爱国之情有了更深的品悟。

四、课堂诵读与课外诵读相结合

对于古诗学习来说，课内阅读记诵量是极为有限的，而课外阅读则是无限的。学习古诗，课外阅读记诵是一个积累的过程。通过课外诵读不断的积累，学生可以提高对古诗的理解感悟能力，可以提升对古典文化的修养，亦可以使心灵得到陶冶净化。开展多种多样的课外活动，如通过游戏展开竞赛，比一比谁背的古诗多，谁读得好。班级还可以通过"古诗吟唱""古诗新唱""古诗律操"等形式多样的活动来提高学生对诗歌的感悟力。

课内也应该经常性地诵读学过的古诗作品，温故知新。例如，在讲解《出塞》时理解征人的艰辛，"秦时明月汉时关，万里长征人未还"的诗意与情感时，引导学生通过复习前面学习的边塞诗《凉州词》里的诗句"醉卧沙场君莫笑，古来征战几人回"来感受战士们的痛楚与悲哀，学生也加深了对边塞诗歌的理解。这样一来，教师因势利导，指点学生注意诗歌的节奏、顿挫及平仄、押韵。关键是诵读时应该根据自己对作品的理解有感情地读，以抑扬起伏、顿挫有致的声音传达出古诗在抒发感情时所特有的意味。由此，才能进一步体会诗中所包含的感人力量和独特艺术魅力。教师在评价学生的表现时，应正确对待其个体差异。对记诵能力强的学生及时表扬，对能力稍差的学生加以鼓励，目的就是要培养、呵护孩子们学习古诗的兴趣，调动他们学习的积极性。

综上所述，情感体验是小学阶段学习古诗的主要目标。在古诗教学中应遵循以诵读记忆为主和整体感知、把握大意这两条基本原则。在具体实施过程中，应围绕作品，以学生对作品情韵的感悟为目的。学生是学习的主体，教师是学习的引领者、设计者，应该处处体现一个"感"字，即学生内心对作品的感觉、感受。只有学生心里真正对诗歌作品有所感，有所悟，才能真正实现体验作品情感这一教学目标。

③ 不容忽视的低年级口语教学

　　小学口语交际教学是小学语文教学的重要组成部分，更是素质教育的重要阵地。然而，现实的语文教学中，许多教师不重视口语交际教学，故而学生口语交际能力很差。针对这一现状，我们必须改革口语交际的教学模式，开发口语交际的训练途径，应从情境、生活、评价、读写结合等方面来训练。

　　语文课程目标把口语交际总目标定位为："具有日常口语交际的基本能力，在各种交际活动中，学会倾听、表达与交流，初步学会文明地人际沟通和社会交往，发展合作精神。"目前教学中教师总是在教学时浅尝辄止。通过这次观摩"2018 中心校口语课堂教学研讨交流活动"，个人认为要上好口语交际课，我们必须改革口语交际的教学模式，开发口语交际的训练途径，运用各种方法引导学生学会倾听，乐于表达，努力提高学生口语交际的能力。结合十多年的教学实践，我从以下五个方面来谈小学口语交际训练的策略。

一、创设情境，有效训练口语交际

口语交际是在特定的环境里进行的，离开特定的环境就无法进行。新大纲提出这样的要求："要在课内外创设多种多样的交际情境，让每个学生无拘无束地进行口语交际。"在城东小学王静老师执教的《请你帮忙》的课堂，口语交际教学课堂伊始，她就精心创设符合学生生活实际的交际情境。"我说你猜"的环节，教师设计游戏环节，给学生创设了一个轻松的交际情境，老师做动作，学生猜一猜，这样一来，学生学习口语交际的主动性会被激发，课堂气氛活跃。

二、表演创设，学生带着情感在交际情境中体验

交际情境的创设方式主要是演示创设。这种创设包括用图片、实物或多媒体等方式演示。小学生的智力发展处于低级阶段，他们对事物的观察是比较粗略的，不教会他们观察，他们就无话可说。用直观形象的实物能

吸引他们的注意力，有益于学生的观察，能激起学生口语交际的欲望，激发学生口语交际的热情。例如，彭丽老师执教"打电话"的口语交际，她提示学生在表演和妈妈、朋友打电话时应该注意哪些问题，并根据学生表演情况，适当点拨，引导学生表述时有礼貌，说清楚，学生就有话想说、有话可说。通过表演预设，学生就会入情入境地进行口语交际，其效果也一定较好。

三、走进生活，培养口语交际能力

要培养学生的口语交际能力仅仅依靠课堂的训练是远远不够的。我们必须引导学生在平时的社会生活中进行语言训练。用课内学到的口语交际知识，积极主动地在社会生活中进行实践。我们要利用丰富多彩的生活为学生的口语交际提供素材，创设富有时代气息的生活情境，让学生在多姿多彩的生活中观察、表达，训练口语交际能力。

四、激励评价贯穿口语交际训练

表扬，给人力量，给人信心。口语交际课上，要保持学生的交际兴趣需要老师常用肯定和表扬的方式来保护他们的自尊心，推动他们不断向上。学生在交流时，语言可能不连贯、不流利，甚至没有条理，但只要他想说、敢说，我们都要耐心地听完，不轻易打断学生的思路。要善于发现学生微小的进步并及时给予肯定，不要过分挑剔学生的细微毛病，可委婉地指出并引导学生说得更好。城东小学的王静老师对学生的评价语言多样，给予关切的话语，清新活泼的课堂激情飞扬。学生因为教师的激励而倍感幸福。

五、读写结合，实现口语交际质的飞跃

口语交际一定程度上训练了学生的口头表达能力，但这还不够。在学生进行交际后，我们要求学生用简单清楚的语句把交际内容写下来，则更能有力地提高学生的交际兴趣和写作水平。但写作的要求要根据不同阶段的学生提出不同的要求：低年级的学生能写几句则写几句，不必拘泥于字数；中年级的学生可围绕一个中心写一个片段；高年级的学生则要求形成篇章。这样把"说"和"写"有机地结合起来，学生的交际和写作能力互相促进，从而达到大纲要求和学生全面素质教育的目的。

总之，口语交际是人人必须掌握的工具，生活就是口语交际的内容。广大教师应培养和提高学生口语交际能力，创设宽松、愉悦的交际环境，让学生大胆地说，有创造性地说，学生的口语交际能力一定会不断提高，从而全面提高学生的综合素质。

磨课滋味长

——与磨课一起成长的日子

　　一天早上，我接到授课通知，要给城关中心校的语文老师上一堂骨干教师示范课。我迟疑了，因为诸多担心，事务繁多。最后，在大家的鼓励下，我终于鼓起勇气，选定了四年级下册的一篇课文《爬山》。《爬山》这篇课文的学习重点就是把握父亲在和儿子爬山的过程中，产生的一些哲理和生活启示。我在执教的过程中也收获良多。回顾自己磨课的日子，一路走来的用心、精心、悉心、尽心，让我感觉自己且思、且悟、且成长。感激岁月的印记，感谢这忙碌的日子让我倍感成长的欢愉。不管是谁，都应该感激曾经努力的自己。

一、精心设计导入

第一次试教，我选择的是一部分平时不回答问题的同学。在课前导入的环节，我选择了一首杜甫的古诗《望岳》。由于学生不熟悉这首古诗，不会读，光读诗就花了 5 分钟的时间。因此，课程进度不是很顺利。我不断琢磨，反复思考，不得不调整自己的教学设计。因为一堂课的时间只有 30 分钟，在试教的过程当中，我把课前交流的读古诗换成了由学生先看图片，然后再联想与山有关的成语，最后说与山有关的诗句。这样来导入，可以让学生感受学习语文的工具性，同时也在设计中体现出语文教学的层次性。

二、用心设计板书

本来在课堂教学的板书设计时，我想突出父子爬山过程中在不同的地段说的值得深思的三句话，通过抓住关键词概括提炼语言的特点，采用简洁的板书形式。为了达到这样一个特点，我在教学伊始，就用线条画了一座光秃秃的山。我找到一个教美术的老师，让他用美术教师的眼光来审视一下我画的山的特点，对于这个板书的融合有什么建议。最后，他建议把线条加粗些，显得山更有轮廓，更有棱角，更有厚度，更能够体现父爱如山的厚重，我尝试了选择这种板书，也请了几个老师帮我看了一下。最终，他们对于我的板书设计形成了一致的意见，认为用粗线条画山这样显得轮廓分明。在反复琢磨的过程中，我还是收获颇多，直到展示的那一天，有人称赞我的板书设计很新颖。由此可见，任何细节可都是需要精雕细琢的，每一个细节都不容忽视。我想说，其实每一个人的成长都是需要用心的。作为一名语文教师，在我们的教学中，"一课多上"是我们每一个青年教师必须成长的环节。然而，在课堂教学中，有的青年教师只会觉得磨课辛苦，其实不知道在反思中超越，在超越中成长，才是教学中最有价值的收获。

三、悉心解读文本，把握教材的文本特点，反复推敲

在教学准备的过程中，我通过反复读课文，反复解读文本，发现父亲的哲理的第三句话中的"大自然的语言，要我们用眼睛去看，还要用耳朵去听，更要用你的心灵去体会，最后用你的脑袋去思考"值得进一步分析。

在教学生理解这句话的时候，我抓住了关键词去引导学生学会去欣赏大自然。与其说是教学生学会欣赏大自然的方法，还不如说通过点拨引导，让学生知道，不仅仅是大自然需要我们用眼睛去看，用耳朵去听，联系生活，我们生活中

的任何一件事情都需要用眼睛去看，用耳朵去听，用我们的心灵去体会，最后用我们的脑袋去思考。充分解读文本，挖掘文本本身的价值，这就是语文教材的工具性所在，这也充分体现语文教学具有工具性的这一特色。学生在学习的过程中，能够从大自然的欣赏过渡到生活中的每一件事，最后去体验，去感悟生活，这才是文中父亲要教给孩子的真正的人生哲理，从而品悟深化了语文教学的内涵。

我想作为一名语文教师，不仅仅只教语文课本上的东西，还要充分发掘教材的内涵，让学生举一反三，这才是真正的灵活而又富有生命力的语文课堂。作为一名语文教师，必须把握文本的特点，充分解读教材，只有这样才能让学生真正学以致用，凸显小学语文教材的语用意识，突出了语文教学的工具性和人文性。

四、粉笔字的书写要出彩

粉笔字的书写，在我们的语文教学中不容忽视。现在的教师大多数都不会向学生进行书写示范，而是采用贴字形式。为了能够在田字格中很完美地展示自己的粉笔字，我找到刚从师范学校毕业的夏老师学习粉笔字。在上课之前，我花的心思最多的是板书的设计和粉笔字的书写。上课的时候，我虽然内心有点紧张，但是学生课堂上精彩的表现让我感受到了前所未有的自信。慢慢地，写粉笔字的手不再抖了，说话的声音也变得流畅。令我没有想到的是，一堂课下来掌声不断，众人都说我从容自若，有大家风范。对于大家的肯定与鼓励，我想说，磨课真的是"爱你不容易"。一次次的自我反思，一次次的内化，一次次的提炼，让我感受到了课堂的灵动需要不断地自我反思和超越，只有这样你才能够真正获得提升，也只有这样，你才能够感受到惊喜。这次公开课让我感受很深：一堂好课是需要不断地去打磨，只有这样你才能真正获得进步，获得更多的启示。在这一次骨干教师示范课过程当中，我获得了许多人的帮助与支持，感谢我身边的"小诸葛"们。

我一次次地重新认识自己，一次次反复地修改自己的教学设计，尤其是陈霞老师在我第一次试教之后，就给予的高度的评价，足以让我信心倍增。不会忘记上课前一天办公室好友的殷切祝福，不会忘记每一位同仁、好友的默默关心，更不会忘记给予我上展示课机会的中心校的张校长和王校长，没有他们的决定，我不会有这一次展示的机会，更不会有这一次自我反思、自我超越的机会。更感谢我的恩师——文君老师和我的教研员曾老师的"放手"给予我的鼓励，感谢她们让我自己琢磨，让我不断地挑战自己。感谢我的师兄、同学、同仁在背后默默地支持与鼓励。我想说感恩遇见，感恩成长，感恩一切的一切！感恩四月的所有遇见，感恩成长……

班级管理重在"勤"

　　班主任工作，说到底，就是要求教师勤于管理的工作。班级的管理精细，是一项长期细致的教育工作。任何一件事情都会有它与众不同的规律。班主任工作不仅有其自身的规律，也有许多方法和技巧。熟练地掌握和运用这些方法与技巧，会使班主任工作收到事半功倍的效果。在班主任老师的班级管理中最重要的一项工作是与学生的沟通。而勤于沟通既是一门学问，又是一门艺术，更需要耐心、周到、妥帖、细致。

一、勤倾听

　　沟通是双向的。我们并不是单纯地向别人灌输自己的思想，我们还应该学会积极地倾听。我班的一名学生上课的时候喜欢吮吸大拇指，我不止一次地看着她，有的时候很纳闷：这么可爱的一个女孩，经常吮吸拇指，那岂不是很不卫生？同学们会怎么想？她要一直这样下去吗？于是我把她叫到办公室，亲切地问她："为什么会在上课时吮吸大拇指？"首先，老师要表示出诚意，其次要有耐心，还要适时进行鼓励和表示理解。因此，在谈话中我始终认真地倾听，还适时插入一些简短的语言，如"对的""是这样""你说得对"等，或点头微笑表示理解，都能鼓励她继续说下去，并引起共鸣。经过一番谈话，问题迎刃而解。原来是因为她妈妈爱打牌而留下来的"后遗症"，久而久之形成一种依赖和习惯。交谈后，我教给她一些方法控制自己的"吮吸习惯"，没有想到后面她上课真的不再吮吸拇指了。

二、勤观察

观察力是班主任老师必须具备的一种能力。班集体是由学生组成的，每个学生都有他自己独特的性格、智慧、行为特征。教师应及时了解每个学生的心理状态、家庭状况、人际关系等，了解和掌握了这些，有助于及时帮助学生克服各种困难，解决各种困惑。例如，有一个平时上课很专注的学生，名叫黄子兰，一段时间里她突然变得萎靡不振，上课走神，在一次考试中居然没有及格，令人匪夷所思。通过向同学了解情况，知道了她原来最近迷上了看网络言情小说。我注意到这一点后，私下向她了解，果然是因为她晚上看小说太晚入睡导致学习上的种种不良表现。通过谈心，我帮助她解开了思想疙瘩，她又恢复了以前的学习状态。观察要求能看出学生个性中最典型、最有代表性的品质，把他们跟表面的、暂时的、非固有的特点区别出来，并能认识学生发展的基本趋向。

三、勤谈话

谈话是班主任老师对学生教育的一种最基本的方法，也是班主任必备的基本功。谈话是一种双向活动，它不仅需要真诚和信赖，而且需要技巧和智慧。一要有充足的准备，要明确谈话的内容、方式、目的。二要拉近距离，做学生的贴心人。学生最爱向知心人说知心话，因而谈话时班主任应注意自己的角色，把学生当作朋友，以自己宽厚的师爱去赢得学生的信服。如此，班主任老师就像掌握了一把神奇的钥匙，能助你步入学生的心灵世界。有一次上课的时候，一名女生因为没有认真听讲而遭到我的批评，她有点垂头丧气。后来，我又把她请进办公室，晓之以理，动之以情。边劝慰边对她说："你看过《西游记》吗？那你认为孙悟空在里面本领怎么样?"她说:"孙悟空本领是最大,她会七十二变!"我接着说:"为什么唐僧给他一个人念紧箍咒?因为越是他得意的弟子,越希望他更优秀!这就是老师为什么批评你的原因。是因为老师关心你,希望你更加优秀!"孩子似懂非懂地低下了头,从此以后,他就真的变了个人似的,不再抵触批评,能够有一颗坦然的心面对批评。

四、勤处理突发事件

陶行知说过,"教是为了不教"。魏书生认为,"管是为了不管"。如果说平时的教育、管理是淙淙溪流,那么突发性事件就是一朵朵浪花。教师要以一颗平常心去对待突发事件,保持冷静平和的心态,切忌以个人喜恶来影响处理的方式和结果。要实事求是、公正无私,让学生心服口服。著名管理学家西蒙也曾经指出,突发事件的实质,是非程序化决策问题。处理突发事件是一种非程序化决策。正确、恰当地处理突发事件考验班主任老师的智慧。一般来说,冷静、灵活、公平、幽默、果断等是必不可少的。班级日常管理中经常出现诸如班里同学的文具总是莫名其妙地不见;刚要上课就发现有一名女学生在哭,没进教室就看见两名男生挥拳相向等场景,这些场景在很多班级出现过。如何处理这些事件,是对班主任智慧的考验。有一次,班上的图书角有几本捐赠的书不见了，图书管理员恼羞成怒地对一个女生说："是你，一定是你！因为去年你在班上也偷了钱的。"看到女孩子满脸的委屈，我知道她一定是冤枉的，就斩钉截铁地说："我不相信是她拿的，肯定是一次误会，相信书不久就会自己悄悄地回来躺在书架里！如果书没有回来，那肯定就是老师拿了，你们相信是老师吗？"于是，一场风波因为我的及时处理而停止，更令人欣喜的是第二天图书角的书真的乖乖地回来了！不管怎样，也不管是谁偷拿了书都不重要，关键的是书还是"完璧归赵"了，其他的已经不再重要。由此可见，班主任老师处理突发事件也不一定要按程序去解决，而是要有智慧，这样一来会收到意想不到的效果。不要把突发事件看作坏事，要把它看作一个成长的契机，让当事人和全班同学在问题的处理中有所收获，思想和认识得到升华。

　　班级管理是一门艺术，它需要细致和谨慎，更需要勤奋。勤奋实际上就是坚忍不拔的意志，它实际上是一种态度。如果把孩子当成教育的对象，那就勤奋一些，抓住那些微不足道的教育瞬间，让每一朵花儿都绽开笑脸。"天道酬勤"，相信教育的园地会芬芳满园，硕果累累！

⓷ 激发内驱力

　　我们的学生中多种多样，但最难教育的可能就属那种"不求上进"型的，这种对象基本上都是每个班主任常规工作的重点，小心谨慎，唯恐哪天他又会惹出什么乱子。而还有一群被我们忽视的群体，平时不那么调皮，也不那么出色，他们就是所谓的"中等生"。中等生是指在一个班级中学习处于中等水平，而品行等方面又表现平平的学生。

　　他们一般分为以下三种类型。一是智力因素较好，非智力因素较差的学生。这类学生一般比较聪明，能较快地掌握知识，但缺乏毅力，学习不刻苦，因而知识掌握得不牢固。二是智力因素一般，非智力因素较好的学生。这类学生一般对问题的反应较慢，但学习踏实努力。三是智力因素和非智力因素都较差的学生。这类学生一般理解能力较差，学习又不够努力和深入。在日常的工作实践中，我特别注意中等生的转化问题，对他们的成因及应采取的对应的教育教学策略进行了深入研究，偶得几点浅显认识与各位同仁切磋。

一、巧借课堂教学，因势利导

激励最简单、最直接的方式就是表扬。教师要经常关注学生的一举一动，努力发现闪光点，适时进行表扬，再进行适当的引导，修正他的"荣辱观"。教科书有一篇课文《为成长鼓掌》，其中就谈到了为自己的进步鼓掌，目的就是告诉学生要树立自信心，因为自信是成功的秘诀。我曾抓住这一机会，让学生在课堂上展开讨论：你为自己鼓过掌吗？你为自己喝过彩吗？怎样可以让自己更自信？同学们讨论得很激烈，各抒己见，有的同学谈到了自己做什么事都胆小，以后要胆子大等，学生们可谓是收获颇多。今天的学生是祖国的花朵和未来的希望，他们的"行"与"不行"关系到中华民族未来的命运。可是，现在的许多学生在家庭的溺爱下变得胆小懦弱，"我不行"三个字随口而出。这种对自己没有信心的学生，又怎能去担负起建设祖国的重任呢？

二、利用课外交流，循循善诱

　　"教师是人类灵魂的工程师"，这是多么崇高的赞誉。学生的成长离不开教师的引导，教师宜耐心开导学生，用真心唤起学生的自信，帮助他们迈入成功之门。有空常聊聊，让他感觉到你十分在意他、关注他，让他改变"老师找他就是要说批评话"这一感觉，从而消除学生戒心，增进师生间的信任感。从中教师也能发现学生的一些真实想法，方便"对症下药"进行教育。找点事情要他帮忙做，让他感觉到你信任他，关心他。学生常常有"帮老师做事光荣"这种心态，认为只有老师信任的好学生才有这种机会。而老师却很少给他们这种机会。

　　我班有这样一名学生，他叫嘉杰。以前经常不完成家庭作业，家长和老师也很烦恼，甚至想放弃对他的教育。我接管班级后，他一如既往地我行我素。我找到一个机会与他促膝谈心，得知他父母感情不和，分居两地，而他也因为缺少爱而放纵自己。每次父母只给他钱，从不问他的学习，爷爷奶奶又是过分溺爱他，日子久了不良习惯也就如影随形地"缠"上了他。我看着他那委屈的泪水不尽地流，心中有一种说不出的痛楚。于是我轻轻拍着他的头对他说："从你那天解开一道难题开始，老师就认为你很聪明，而且老师想了一个办法让你更聪明，可以让你的字写得更加美观。"听完，他有点受宠若惊。我又继续说："老师想让你帮助检查同学的作业，你当小组长，只要你能找出他们的错误，你的作业可以不做。但老师希望你能严格要求自己，可以吗？"他仍然是低着头。我不等他开口，就又拍拍他的肩膀说："傻孩子，你一定可以，老师相信你。来，念咱们班的口号，'我能！'"起初，他有点不好意思。我试着与他一起念，陪他一起念。终于，他的眼神里露出了希望的光芒，声音也变大了许多，心中也似乎舒畅了许多，声音更自信，目光也更坚定了。

第二天，喜讯传来，教数学的王老师告诉我，嘉杰的作业上交了，而且做得相当认真，获得一个"优"。我和嘉杰相视而笑，因为他成功了。

三、精心策划活动，展现学生自我

在课堂教学和平日的教学管理中，为了能让学生各自有表现的空间，我和王老师积极开展有趣的活动，如古诗积累背诵比赛，培养他们的自信。活动中，过去成绩平平的张贵东表现相当出色。趁此机会，我当着全班同学大声地表扬了他。没想到以后他的课文背得越来越快。在课余活动中，经常让他们大声说"我能行！""我很棒！"目的也是为了训练他们，让自信在他们身上闪烁出迷人的光彩。当某位学生做对了或是做好了一件事时，老师鼓励其他人说："他能做到，我们也能！"然后让学生们大声地喊出："我能行！"这样，一种"我能行"的形象也就随之塑造出来了。良好的心态是成功的必备条件。因此，在推广素质教育的今天，要把学生培养成为一个高素质的人，就应该把培养学生的自信心放在首位。让学生因为自信而美丽，因为自信而获得更多的成功。让他们放飞希望，放飞理想，越飞越高！

苏霍姆林斯基曾感叹："从我手里经过的学生成千上万，奇怪的是，留给我印象最深的并不是无可挑剔的模范生，而是别具特点、与众不同的孩子。"教育的这种反差效应告诉我们：对中等生这样一个"与众不同"的特殊群体，教育者必须正确认识他们，研究他们，将融融的师爱洒向他们，让这些迟开的"花朵"沐浴阳光雨露，健康成长。

课堂因"辩论"而精彩

　　于永正老师视频讲座"走进新课程"观摩课内容主题是"春色满园关不住，语文课改花盛开"。他提出的理论令我感觉距离我的课堂很遥远。直到有一次有幸聆听了常德市小学语文教研员张璟在常德市 2016 小学语文阅读教学研讨活动中的讲座分享：《文为本，生为主，用为上——追求有语用品质的语文课堂》，我深受启迪，尤其是其中提到语文课堂要让学生有"评价、评析"的能力，将其相机地渗透到语文课堂教学中，语文教师应注意解读教材，关注学生的语言，提高学生的语用意识。我根据自己的理解、体会不断把新的教法尝试于课堂，感觉真是"柳暗花明又一村"，思路豁然开朗。

　　星期一的第一节语文课，我和孩子们一起阅读《米芾学书》，这是一篇带"＊"的课文，以学生自主探究为主。课堂上学生很快把握了文章的主要内容，并对课文最后第一段（课文原文：后来，米芾成了著名的画家和书法家。他一直把五两纹银放在案头，时刻铭记着这位苦心孤诣教他写字的秀才）的理解非常深入。为了挖掘得更加深入，提高学生的语用意识，我在课堂上抛出了这样一个问题：课题为什么不用《五两纹银》做标题，而选择《米芾学书》做标题？话音刚落，学生纷纷举手，其中不少学生说，应该用《米芾学书》做标题，因为课文讲述了米芾学会书写还悟出"写字窍门"，成了一名了不起的书法家，而《五两纹银》只是一个小故事，在文中只起个补充铺垫的作用。还有学生说，因为课文是写他如何悟出写字的道理，而课文的前后都提到他的成就，课文重点写他如何获得这样成就的经历，结果是成功了，而"五两纹银"只是一个重点，让文章更有吸引力而已，没有《米芾学书》这样，既概括具体，又简明扼要。诸如此类的话语比比皆是。

无巧不成书，而唯独就在我准备夸奖同学说得言之有理时，一个女孩丹妮居然说出了截然不同的意见。她说："老师，我认为《五两纹银》更适合做文章的标题，老师您说过标题是文章的'眼睛'，要巧拟标题，这样的标题故事性强，容易吸引大家，能够设置悬念，引人入胜。不是您上次说过标题要'奇，新，简'吗？"正在我诧异于她的回答，酝酿如何解疑之际，一个男孩子迫不及待站起来说："我认为你说得不错，但是需要改编，我是这样想的，如果课文的第一段和最后一段去掉，只有他和秀才的故事，就可以用《五两纹银》做标题，你的观点是正确的。但文章还有其他内容，所以用标题《米芾学书》比《五两纹银》更合适！"

我情不自禁地鼓起了掌，课堂上接着掌声雷鸣。我欣喜于这样的课堂，孩子们的表现让我喜出望外。我激动地对大家说："你们真是太了不起了！同学们，你们今天的辩论很精彩！你们的思维敏捷，令老师刮目相看，这就是精彩！"孩子们兴奋不已，尽管此刻铃声响起，她们依然沉浸在课堂上的喜悦中，脸上荡漾着幸福。此刻，我更幸福……

✍ 仿写——绽放的花蕊

　　语文是重要的交际工具，是人类文化的重要组成部分。它既要求我们在语文教学中抓好学生的语文基本功——多思、多读、多写，又要进行文化思想的熏陶和道德情感的培养。因此，如何通过语文课堂教学全面提高学生语文素质，是语文教育工作者必须深入思考和研究的问题。

　　为实现语文素养培养目标，我们必须重视和加强语文教学环境的建设与优化工作，让学生的语文素养能在各种环境和多种力量的共同作用下得以真正的提高。运用语文是一种技能，只有准确、熟练，才能形成语文能力。形成语文能力又是个慢功，需要反复实践，一点一点积累，养成习惯。尤其是学生的习作训练就能从一个侧面体现学生的语文素养。笔者做过提升学生因仿写而收获的乐趣，与大家分享。

　　我国是四大文明古国之一，蕴含着丰富多彩的传统文化。以前学生写这一类习作，或是是三言两语，或是一笔带过，语序混乱，文章没有层次，场面描写缺乏细节，作文水平不高，不能很好地把传统节日写清楚。本次学习五年级下册课文《火把节》后，我因势利导，就是要求学生利用课文《火把节》当中学到的描绘火把节场面的写作技巧，仿写一个传统节日，就写一写前不久共庆的传统佳节——元宵节，让孩子们重温节日的氛围，用笔尖写一写自己亲身经历的元宵节。

　　在教学中，我先让孩子们说说他们了解到的家乡"闹元宵"特有的场景：逛超市、玩龙灯、舞狮会、放孔明灯。然后，让他们介绍自己最感兴趣的一种。传统文化丰富多彩，习作时面面俱到，是不可能的。要他们学会按照一定的顺序写出不同的场景，写出节日的气氛。

　　针对本次习作的难点，即抓住一种传统文化，有条理地介绍清楚，我以传统节日当中的元宵节为例，进行习作开头、中间、结尾部分的指导，一步一个脚印，带领学生一起总结出习作方法，从而写出自己笔下特有的元宵节的神韵。

　　在指导写开头时，我列举出课文《火把节》当中用到的句子："来吧，到我们大凉山来吧，来和我们彝家人一起欢度火把节！"以此来讲解开门见山式的开头方法。

例如，熊思琦写的："来吧，来我们的洞庭水乡，和我们一起感受安乡的元宵佳节吧！"

在写中间部分的时候，我运用孩子们最近学过的"围绕一句话将内容写完整"来指导，提醒学生按时间顺序写出在元宵佳节期间发生的趣事，并用上好词佳句来丰富习作的内容。课文《火把节》按照时间顺序使用"太阳还没爬上山头""日上三竿""夜幕降临"这些关键性的表示时间的词语。学生也按照时间顺序在相应的时间段写出了如"家里""超市里""大街上""河堤边"等不同的场景。这样一来，他们平日习作中句式混乱、没有顺序的问题就无影无踪了。文章的架子搭好了，内容也很有层次感。

在指导写段落结尾时，我请孩子们在抒发感想时围绕一个"实"字，写出自己的真情实感，不能无病呻吟，空发感慨。例如，仿照课文，"听，那悦耳的歌声，唱出了人们对幸福生活的赞美，唱出了人们对美好未来的企盼"，学生在写元宵节放孔明灯时有这样的句子："灯光摇曳的夜空忽然变得更加明亮了，那星星点点的灯光，寄托了亲人对即将远行人的祝福，寄托了生活越来越美的希望，寄托了人们对美好生活的向往。"

在指导写文章结尾时，又借鉴了《火把节》这篇课文的"首尾呼应式"，如仿照"怎么样？来吧，到大凉山来吧，来和我们彝家人一起欢度火把节"，学生写出了：

"怎么样？来吧，到我们的大安乡来吧，来和我们一起欢度元宵佳节，一起看舞狮耍龙，一起放飞孔明灯吧！"这结尾不仅写出了元宵节特有的传统，更重要的是通过仿写学生掌握了习作的技巧。

本次习作，按照既定目标，不仅深入浅出地完成了教学任务，学生的习作在不知不觉中也完成雏形。比起以前他们写的文章，结构显得更完整，脉络更清晰了。总而言之，看着他们的习作，我内心收获了满足与欣慰。

3 一次特殊的采访

　　那天的语文生活课，是一次有关采访的练习。我喜欢让我的学生享受语文生活的乐趣。生活处处皆语文，我希望我的学生有一定的语文素养。所以在平时"语文乐园"的教学中，我会很重视学生的口语训练。

　　一天下午我笑容满面地走进教室，给学生上课。教学内容是三年级"语文乐园八"的采访训练。当我把采访的基本要求讲完之后，就要求学生以记者的身份采访我。没有想到我的话音刚落，就有十几双小手迫不及待地举起来了。我环顾四周，选中了女孩刘纯瑾。她很大方地来到讲台前，彬彬有礼地对我说："老师，我想采访您一下，请问您今年几岁了？"我笑着说："请问怎样问会更合适？你的问题不准确。"她满脸疑惑"狼狈而逃"，回到座位上去了。下面的同学开始窃窃私语。一会儿，我听到杨亚辛同学大声说："老师，这样问可以吗？""老师，您今年多少岁了？"我很高兴她能这样说，于是大声地对同学们说："同学们，因为我的年龄不是个位数，所以不能问'几岁了'。'几岁了'对于你们来说还比较合适，用在老师的身上不合适。所以问问题一定要合适。"同学们似懂非懂地点了点头。不一会儿，唐璐上台了，她又问："亲爱的老师，请问你可以腾出一点时间接受我的采访吗？"我惊叹她的彬彬有礼，语言特别，因为在没有任何提示的情况下，她却能这样流利地表达出来。于是我提议全班同学向这位同学鼓掌，采访就应该这样才容易被人接受。她接着又问："亲爱的蔺老师，您每天工作，感觉累吗？"我低下头抚着她的肩膀说："你们是我可爱的学生，为了你们我不觉得累，虽然你问到我的心里去了，但是正因为你的关心让老师感觉很温暖。"

"对不起，打扰您了，我的采访完毕，谢谢您接受我的采访。"她说完，我又借机向同学们展示她采访的成功之处。不一会儿，有很多同学跃跃欲试，纷纷到前台来采访我。他们问了我一些关于下班之后我会做些什么，平时一般喜欢做些什么，是否喜欢运动等问题。没有想到，一向善于观察老师动态的学生何曼军问了我一个很敏感的问题："蔺老师，请问您的宝宝有多大了？"同学们正准备侧耳倾听，可我给他们的答案是："蔺老师还没有小宝宝。"又有一名学生周寒池上台了，她在问了其他的话后突然话锋一转，问了一句："老师，我能问您一个私人问题吗，请问您为什么到现在还没有生孩子？"我一时语塞，但是马上反应过来，委婉地对她说："你们就是老师最可爱的孩子，只是老师还没有做好当妈妈的准备，现在呀老师是该着急了，是该要准备一下来享受做妈妈的感觉了哦。请问老师的回答你满意吗？"全班哄堂大笑。她大声说："满意，我的采访完毕，谢谢老师。"就这样，我被我的学生"偷袭"了。他们的目光如此敏锐，问题如此鲜明。想想那满意的笑容，我觉得他们和我真的走得太近，第一次这样近距离的交流，彼此坦然了许多，亲近了许多。我可爱的学生，他们第一次感受到采访带来的乐趣。接下来，我问他们学习采访后有什么感受。有一个学生这样回答："老师，您今天好温柔啊，平时我们都不敢问很多问题，但今天在采访的时候我们都问了，知道了您的一些兴趣爱好，也知道您的一些个人隐私，我觉得您和我们亲近了许多。"

　　后来，我要求他们把今天的口语训练写下来，以《一次难忘的采访》为题，写一篇习作。我相信他们一定能写出好的文章来，因为他们有所经历，有所体验，所以一定能成功。果不其然，在我宣布习作开始之后的短短十五分钟之内，就有一个学生章希子把习作很出色地完成了。我激动不已，像一个兴奋的小孩子一样把她的文章拿到办公室与同事分享，与同事津津乐道，畅谈这次成功的教学体验。我相信我的学生会难忘，而我也将更难忘，毕竟 31 岁了还没有小孩的事情的确让我很郁闷，但我的学生在课堂上会以这样的形式提出来，的确有点出乎我意料。这位同学的作文写得很好，抓住了关键，作为三年级的学生的确不容易，我要永远珍藏。

🌀 一张合影背后的故事

今天下班之后，无意间发现手机一直在不停地闪烁。手机屏幕上一条这样的信息映入眼帘："奖一张合影"。文字是我的朋友张国选的。原文内容编辑如下：

闲来无事，随心翻阅朋友圈，蓟小玲校长的一段文字映入眼帘："孩子们问，读书分享后表现优秀的，老师您有什么奖励？"老师说："给你们来一张合影留作纪念。"

这段文字后面附着孩子们的好书分享卡片。卡片都是孩子们自己做的，还打了格子，画了彩图，有的还裁成了好看的图案，总之是费了一番功夫的。卡片后面还有孩子们的合影，每人拿一本书，或蹲或站着，脸上都洋溢着幸福的笑容。

这不禁让我想起十多年前在高中教书的那段时光。

那时候，我也教语文。为了激发学生的语文学习兴趣，也经常组织一些文学社团活动、读书活动和与语文及文学有关的竞赛活动。至于奖励，有的奖个人单日加分小红旗，有的奖才艺表演，有的奖集中评点表扬，有的奖作品张贴展示。奖得最重的就是每次大型活动取得优异成绩的同学，每人可以领到一本精美的书或杂志，当然也少不了获奖者要求的一句激励话语和签名。那时候，同学们每天看着墙上的小红旗不断增多，看到自己又登台展示了才艺，看到自己在同学们钦羡的目光中又收获了一本书或杂志，学习语文的兴趣都格外浓厚，每次语文课都精神满满的。以至于后来，许多同学走上工作岗位后，还对文学怀有浓厚的兴趣，他们大多都是那段时间被我"煽风点火"经常"洗脑""洗"出来的。

如今，看到蓟小玲校长用一张合影奖励学生，就激发了孩子们用心品读推荐的书籍，用心去创造设计推荐卡片的兴趣，可以想见，孩子们对语文和文学的喜爱和对蓟小玲校长的喜欢和尊敬。

看完以上这段文字，我感慨良多。我们老师教书，就要让自己走进学生的缤纷世界，学会尊重、理解、聆听、欣赏他们，教育、引导和启迪他们崇真、向善、向美。只有不断"激发和唤醒另一个灵魂"，我们的课堂才会有生机活力，我们的教学才会赢得学生的喜爱，我们老师才会赢得学生的尊重。

　　还没来得及读完他一气呵成的文字，手机上紧接着又弹出了一条信息："写到你的朋友圈了。"惊讶之余我迅速翻开自己的朋友圈，才发现评论区里匠心独运的一段文字，心中不免感慨万千。与此同时，还有一丝丝的窃喜与感动。我很欣喜在朋友圈遇见这样的文字，感受到似"高山流水觅知音"的那份认同。于是乎我赶紧停下手中的家务将文字整理成美篇，转瞬之间的一个想法就是把这段经历分享给大家。一张照片背后的故事，还得从五一节假日前的那一节阅读课开始。

　　今年我有幸教五年级学生的语文课外阅读指导课。为了让他们过一个特别的五一劳动节，我布置了一份特殊的假期作业，让孩子们在假期制作一张"好书推荐卡"或是"阅读分享卡"。我希望他们通过自己的创意来设计，还会对好书分享活动中表现优秀的学生给予奖励。

　　课堂上我表达了自己的想法。学生一听有奖励，有点迫不及待地问我奖励是什么。我故弄玄虚、故作神秘地回答说："下节阅读课见分晓。"

　　过完了劳动节的假期，我和孩子们如期而至回到了学校。第一天复课带给我的不仅有忙碌，更多的是欣喜。

　　学生递交的阅读作业是一张张精美的卡片，都是他们在假期中煞费苦心做出来的。看着这一张张精美的图片，为了奖励孩子们在课堂上的出色表现，我特地把他们的"第一次课外作业"变得富有仪式感，我兴致勃勃地对他们说，今天我要奖励十个特别优秀的孩子。同学依然很好奇地回问："什么奖励？"我满怀深情地说："给你们来一张合影作为纪念，成为学生时代的一张最值得珍藏与回忆的照片！"

后来，我掩饰不住对孩子的喜欢，准备通过发一条朋友圈鼓励鼓励他们。受表彰的孩子们欢呼雀跃，还有点小激动。让我惊讶的是他们秩序井然地抱着自己喜欢的书本开心地走出了教室，来到了绿草如茵的大操场。"咔"的一声，快乐的合影定格了他们如花的笑脸。

有点激动的我毫不犹豫地发了朋友圈，写下了这样的文字：孩子的世界其实很美好，周末阅读作业阅读卡片检查，发现了心灵手巧的宝贝们。创意无限多！

没想到我的朋友圈迎来了一个"神秘"的读者，他就是文中开头提到的张国选，他洋洋洒洒地在朋友圈评论区留下了那么感同身受的一段话。每每读到这样的文字，心中总是感到被关注的温暖。因为微不足道的一件小事，而让活动变得如此有意义，我也不禁想到了自己在《温儒敏谈读书》的文中品读到的文字。他强调应当把阅读放在首位。关于学前儿童及小学低年级学生阅读问题，他觉得总的还是要减负，把其他方面加给孩子的负担减少。阅读也注意适量，不要做太多功利性阅读，现在的孩子上课太多，读书太少，是负担过量的体现。语文本应该是最注重读书的一门学科，却被淹没在老师无休止的分析与讲解中。温儒敏的这段分析，让我体会到在小学阶段设置阅读课的重要性，我们语文教师宜利用阅读课上的时间让学生阅读，通过课外拓展活动，学生无论是获取知识的广度，还是思考的深度都会有所改观。

从这一次阅读卡片的制作，我惊喜地发现了学生的创意思维的丰富。我也在思索，如果不是在阅读的过程中不断思考，那样的阅读便不能成为真正的阅读。很高兴学生遇见了一次真正的阅读。我更喜欢这样一句话："培养读书兴趣是语文教学的'牛鼻子'。"由于教师上课"讲述多、读书少，上课多、读书少，做题多、读书少"的现象，我们语文教师应提倡在理解文章的基础上，多角度、有创意地阅读，利用课外拓展阅读课，让学生获得不同的期待。教师可以设计"阅读书卡""读书分享小明星""我最喜欢的课外阅读书目推荐"等活动，拓展思维空间，提高有效阅读质量，激发孩子的阅读兴趣，让孩子爱上阅读。

阅读归根结底还是为了引起思考，开启智慧。为什么教师思想观念进步了，却不知道学生的阅读兴趣呢？我们应该首先做好阅读调查。其次，教师也要读书，包括儿童的书，才能做到和学生一起讨论，有共同的话题，才有可能更好地引导学生去读书。最后还要及时给孩子提供一些适当的奖励，让他们感受到"多读书，读好书"

的无限乐趣。与此同时，激发他们由阅读课引发的阅读兴趣，犹如为自己的世界开启了另外一扇门。

教育需要情怀，更需要用心的态度。一张合影背后的故事，引发我们思考，做好孩子"悦"读的点灯人，引导孩子们爱上阅读，唤醒孩子内心深处的无限创意是我们义不容辞的责任。教育的目的是激励和唤醒，感谢张国选朋友的关注和鼓励，相信以后的我会鞭策鼓励教师更用心地让孩子在阅读的世界拾得更多的贝壳，在语文的园地收获更多的芬芳……

🌀 让孩子的笑脸如花儿绽放

　　暑假期间，捧起《给教师的建议》一书阅读的时候，犹如一阵清凉的风吹进被打开的心窗，让我领略到一种情绪疏通的欣然和愉悦，感受到了精神的丰满和意义的充盈。苏霍姆林斯基的教育时代虽然和我们如今的教育时代有所不同，但相同的是每个时代所赋予的教育主题是始终不变和永恒的，那就是对学生深沉的爱和对教育事业的执着。

　　一个好的教师，是一个懂得心理学和教育学的人。——（苏联）苏霍姆林斯基。让学生拥有健康的心理，意味着今后对老师的要求不仅是要完成"传道、授业、解惑"的任务，而且应当成为一个合格的心理辅导员，承担起开展心理健康教育的新任务。创设民主、和谐的教育教学精神环境，给孩子一片天地，让他们自由呼吸；给孩子一块绿地，让他们栽花种草；给孩子一片绘画壁，让孩子自由描绘；给孩子一片饲养园地，让他们感受动物的可爱。顺应孩子的天性，让他们快乐地成长。

教学中，教师要扮演好引导者、组织者、协作者的角色，创造最佳的心理氛围，使学生情感得到体验，心灵得到沟通，理念得到认同，情绪得到调节，行为得到训练，让学生充分地展示自我，从而使学生能学得懂、学得好、学得轻松。这样不仅增强了学生的学习兴趣、信心和勇气，而且培养了学生相互协作，共同探究的精神。当学生的思维、情趣、爱好都有了张扬的空间时，就会走近老师，和老师攀谈并成为朋友，为学生的心理能够健全发展打下扎实的基础。例如，教材中有一位父亲写给女儿小晴的信，信中我们看到一位慈善的父亲对女儿呵护备至。学生读完后，我问学生："文中的父亲怎么样？你们有这样的父亲吗？"他们思索了一会儿，大部分学生在摇头，似乎感受不到父亲的爱。还有的同学举了一些父亲生活中的事例，能够证明有父亲的爱，但父亲却从没有给自己写信。我把话锋一转，说道："每一个父亲都爱自己的孩子，只是方式不同而已。"就在这时，我悄悄地发现"小宇宙"的眼睛里拂过一丝迷惑后，笑容恢复在他的脸上。我很疑惑，平时他是最爱发言的，可是今天他却没有举一次手。后来我终于了解到原来他父母离婚了，也明白了他上课的表现的原因。我心里暗想：幸好自己上课的时候没有强行要他回答问题。尊重学生的心理感受是教师在课堂上必须做到的。

学生中的"后进生"更需要关心，因为"不可爱的孩子，才是最需要你的爱"。他们就像搁浅的冰川需要温暖，需要阳光来融化。对于后进生这样一个与众不同的群体，教育工作者必须给他们应有的位置，给他们更多的关怀，把更多的爱洒向他们，让这些迟开的花朵沐浴阳光雨露，健康成长。正如苏霍姆林斯基在《给教师的建议》一书中所告诫教师们的那样："请记住：成功的欢乐是一种巨大的情绪力量，它可以促进儿童好好学习的愿望。请你注意，无论如何不要使这种内在的力量消失。缺少这种力量，教育上的任何巧妙措施都是无济于事的。"

冰冻三尺，非一日之寒。冰雪消融，也非一日之暖。后进生的形成，非一朝一夕，要他们完全改正，也不是一蹴而就的。他们长期以来形成的拖拉、马虎、敷衍的毛病在不自觉中就会露出头来，这时老师要注意及时发现和纠正，切忌"一棍子打死"，认为这个学生已不可救药。要有耐心和恒心，要给他们时间，充分地尊重和信任他们，给他们信心，教给他们方法，让他们重新改正问题。

那天，我无意中被一群可爱的孩子所吸引。暖暖的阳光下，他们在跳绳，为运动会做准备。我要他们比赛，看谁跳得多。可谁知我的话音刚落，就听见其中的一个小男孩对另一个小男孩说："我搞死你！"没有怒容，却说得很快。我听了很是震惊：为什么会这样？他们的比赛还在继续，我示意他停下。我微笑着说："小朋友，你的语言可不文明哦，你应该这样说，'跳绳嘛，我不怕你！'或者说，'我能超过你！'知道吗？"小孩子知道自己错了，羞愧地跑开了。

我又来到另一个地方，孩子们跳得很高兴，碰巧刚才那个小男生也在那里跳绳。我并没有马上走过去，只是悄悄地看着他。一会儿，他不跳了，我以为他发现我了。只见他对一个小女生说："我能赢你！敢和我比吗？"看到这一幕，我欣慰地笑了，并快步走了过去，拍着他的肩膀对他说："说得真好，来，老师为你们当裁判。"他看到了我，没有胆怯，脸上露出了得意的笑容，我也笑了。

苏霍姆林斯基在书中许多条建议中都提到，教师要提高自己的教育素养，就是要"读书，读书，再读书"。要把读书当作第一精神需要，当作饥饿者的食物。要有读书的兴趣，要喜欢博览群书，要能在书本面前坐下来，深入地思考。确实，我们教师教给学生的那点基础知识，只是沧海一粟。教师要想提高自己的教育水平，在教学时游刃有余，就需要持之以恒地读书，不断地补充自己的知识的储备，使自己的知识海洋变得越来越宽广。

　　苏霍姆林斯基在书中给我们提供了百条建议，而这些建议都是我们教育工作者在平时所接触的一个个话题。通过阅读《给教师的建议》，我深刻体会和领悟了苏霍姆林斯基的伟大教育思想，从中得到了许多启迪和教育，让自己的思想与灵性飞舞，使自己的教育品质得以有效的提升。他也让我明白这样一个道理：教师在教育教学中应该更多地展示，而不是灌输；是引领，而不是强制；是平等的传递，而不是居高临下的施舍。

3 向学生说"谢谢"

今天星期四，有两节语文课。我和学生说好第二节进行"语文乐园五"的"语文生活"板块——主题朗诵会：长征精神代代传。

第一节课下课铃声响起，我宣布下课。学生欢呼雀跃之时，我就在黑板上用白色粉笔写上几个美术大字——"长征精神代代传"。就在我全神贯注地为这几个大字描摹红色阴影的时候，我班上的同学迅速地围了过来，发出啧啧的赞叹声。我怕时间有限，因为课间只有十分钟，所以没有理会，仍然专心致志地准备。

过了一会儿，只见一男孩拿起红色的粉笔，小心翼翼地对我说："老师，我可以吗？""你？"我担心他会画得不好，正想拒绝。可熊文接着说："老师，时间来不及了，您还只写到'代'字，还有两个字，只有一两分钟上课铃就要响起了，还是让我来帮帮你吧！"我没有再顾虑什么，大声说："来吧！我们一起完成。"同学们向他投来惊异的目光。围观的同学有的在窃窃私语，还有的七嘴八舌地议论："没有老师写得好，他还真逞能"，"等着被老师批评吧"，等等。

他小心翼翼地在黑板上勾画着，一本正经，是那样投入，一种感动的情愫在我心底油然而生。铃声响起，我们的合作完成了，他独自完成了一个"代"字。看到他如释重负的样子，我的心底涌起一阵温暖。

111

活动开始了，他却一直默默地盯着黑板。我不知道他想说什么，因为担心时间的问题。忽见学生看到黑板的字兴高采烈，我想大概是因为他们期待已久的活动终于要开始了，而且我还为他们准备了摄像机。为了激发他们的朗诵兴趣，提高他们的朗诵水平，活动早就在筹备中，所以他们早已迫不及待。就在活动进行得如火如荼时，一个女生附在我耳边轻声地说："老师，您有一个字写歪了。"我定睛一看，就是熊文帮我涂影的那个字，果然有点歪。学生发现这个字的蹊跷了。我面不改色，毫不迟疑地回答："没什么，只要活动精彩就行！"这个女生若有所思地点了点头。

等待活动结束，我把活动中表现出色的男、女主持人表扬了一番，夸他们不仅随机应变的能力强，而且"能言善辩，知人善用"，把活动组织得有声有色。随后，我郑重其事地走到熊文身边对他说："熊文，谢谢你，是你让老师感觉不孤单，我们的合作也同样精彩，不是吗？关键时刻你挺身而出帮助老师在上课铃声响起之前完成黑板上的书写任务，让老师实现了'走在时间前面'的誓言，你功不可没。我觉得今天黑板上的美术字特别漂亮，谢谢你！"他红着脸显得不好意思，同桌拍着他的身子，羡慕地说："老师在谢谢你哦，老师对学生说谢谢呢。你给力一点哦！"他的嘴角泛起了微微的笑意。顿时，全班响起了热烈的掌声。

是啊，老师的一句感谢的话语也许对于自己来说无足挂齿，微不足道，但对于他来说或许是温暖一生的回忆。

特别的奖励

星期四上午的最后一节语文课，我如往常一样轻轻地走进教室。我对大家说："请各小组的监督组长下位检查同学的语文基础训练，评选一本你认为最优秀的作业，递到讲台前来。"小组长们迫不及待地下位检查。在他们挑剔的眼光下，几本优秀作业呈现在讲台上。同学们把目光齐刷刷地投向讲台。我环视教室的四周，大家出奇的安静。

我在作业堆里发现了一本字迹非常工整的作业本。它属于他——一个平日里沉默寡言的男同学。这个孩子爸爸妈妈不在身边，不太爱说话，朋友也比较少。我想正好趁这个机会，给他一些鼓励。于是，我扯起嗓子，对同学们说："同学们，监督小组长推选的优秀作业，老师已经看了。我将从中选一本最最优秀的作业本，这个作业本的主人将得到老师的特别奖励。想不想知道今天的奖品是什么呢？"教室里同学们开始窃窃私语。

"小静，麻烦你帮我去我的办公桌上把蛋挞取过来可以吗？谢谢啦。"我请小静帮我去拿奖品，又对同学们说，"今天的蛋挞是同事特意为我准备的，我特意留下来作为今天的奖品。""到底谁会是幸运儿呢？"不知是谁小声地嘟囔。我看了一下四周，找寻到了他的身影，发现他正深深地低着头，似乎不知道这个奖品将属于他。与此同时，还有几个作业本被推选上讲台的同学昂首挺胸地等待老师宣布结果。此刻，教室的气氛变得紧张。我大声说出他的名字又补充道："他就是我今天特别想奖励的学生。大家想看一看他的作业到底怎么样吗？"

"想！"同学们异口同声地说。为了让大家看得更清楚，我拿着他的作业本给同学们一一浏览。"咦，他的字写得真是很工整耶！"有不少同学赞叹道。我向大家说明了选中这本作业的三个理由："第一，他书写工整。第二，他更正错误后保留痕迹。第三，他的任务完成得最彻底。""他是今天的当之无愧的优秀作业得主。请大家把掌声送给他。办公室的同事问我为什么不把他送给我的蛋挞给我的孩子吃。我笑了，在老师眼里，你们是老师的学生，同时也是老师的孩子。你们变得越来越优秀，是我的心愿。"

"哇，老师您真是很用心呀。"

爱的馈赠——一位校长对教育的思考

　　"老师，您能透露下一次的奖励会是什么吗？"

　　教育的目的是鼓励和唤醒。愿孩子在六月里沉淀，在七月里丰收……

第二辑

诲人不倦

人物素描

🌀 山重水复疑无路，柳暗花明又一村

　　在一个阳光明媚的日子，我丈夫的书在历经了八年之后终于出版了，当我捧着一纸书香的《富国策》时，心里万分激动。除了诧异还有惊喜，诧异的是我曾经笑谈他的书"太狂"，堪称可以破解中国经济发展中的各种难题。他常常会不顾及你吃饭时享受的美味，依然津津乐道地向你阐述他就是未来的顶尖经济学家。我常常只是笑意吟吟地说："你干脆让我给你未来的书命名，简称《新狂人日记》。"而我通常会看到他独自一人在茶余饭后默默地敲击键盘，时而蹙眉深思，时而凝神而立，时而频频微笑，时而和微信群里的朋友唇枪舌剑，时而抓耳挠腮，一切的一切让我觉得他只是纸上谈兵。我也只是一笑而过。

　　然而，就在某一天，他的草根博客访问量达到 160

多万次，还被邀请到海南参加"中挪国际经济论坛"。他作为被邀请的"草根经济学家"在论坛发表意见。他把不太流利的现场录音发给我时，我才感受到他真的迈出了成功的第一步。后来，他被邀请做湖南省农村发展研究院客座研究员，接着又被邀请参加县乡干部论坛交流会议。在汉寿清水湖会议交流中，他以睿智的眼光、独特的视角对城乡一体化改革进行论述并赢得李昌平的认可。他一次次地被邀请不是偶然，都是他潜心研究的成绩。

我或许不懂经济，但我看到他对研究的痴迷。一个人能够在工作闲暇之余用心思索，是一份怎样的执着与热情。人只有在喜欢做某事的时候才会显示独特的才智。或许很多人即使做一件自己喜欢的事情也很难总是孜孜以求，夜以继日，但在他的世界里，就能够做到。有一天，他说在网络里认识了一个喜欢和他讨论的人，每天他们都会交流两至三个小时。通常我的态度都是嗤之以鼻，劝他好好地陪孩子，别整天对着手机和别人说一些关于马克思、亚当·斯密的事。孩子也总是抱怨我不让他看手机却不制止爸爸看手机。我一边说服孩子关掉手机，一边说服他听爸爸的言论，告诉孩子爸爸在写书。宝贝通常就会笑着说："那我以后也写书。"看来他是羡慕爸爸可以每天在手机上肆意地写吗？直到有一天当一摞书被老公从楼下搬到楼上时，宝贝才知道了爸爸真的是在写书。因为他说了一句："爸爸的书本好香。"说完就匍匐在书堆里津津有味地看，还嚷嚷着要写书。我就顺水推舟，对儿子说："你多读书吧，多读书就会像爸爸一样，成为我们的'百科全书'！"儿子快乐地说："我去看书了！我去看书了！长大了我就要写书！"看来，家庭里的教育有时候真是润物无声啊！

　　不管怎样，他终于把自己的第一本书出版了，这期间的酸甜苦辣也许只有他独自品尝，也许有赞扬，也许有奚落，也许有欣赏，也许有嘲讽。但是，他依然在路上前行，我相信终究有一天，他会遇到真正的伯乐，会遇到他的"梯子"。愿他的研究之路能"柳暗花明又一村"。

烛光在朴实无华中闪亮

　　"青春是美丽的，但一个人的青春可以平庸无奇，也可以放出美丽的火花。可以因虚度而懊悔，也可以用结实的步伐，走到辉煌壮丽的中年。"这就是她——一名老师的人生格言。

　　张红华是安乡县深柳镇围庵小学一名普通的教师，于2012年9月通过参加招考，以优异的成绩调入围庵小学，大学英语本科学历。她从事教学十多年来，一直工作在教学一线，不懈努力。来到围庵小学4年多来，她兢兢业业，主要从事语文、英语课程教学工作。工作中她任劳任怨，现兼任五年级班主任。

　　她恪职笃学，踏踏实实教书育人，勤勤恳恳地做好班主任工作，从不辜负领导的信任。她无私奉献，尽责敬业，倾注爱心，用自身的形象、言行和实际行动感化、影响学生，是一位受学生、家长和同事喜爱的好老师。

一、精耕细作，精于管理

重视学生的思想教育是张老师从事班主任工作的一大法宝。她从接任班主任开始，就一直细心观察班里每个孩子的情况，第一时间对学生有了全面了解，对学生的思想进行有针对性的疏导。班里有个女生，连续两个月来一直郁郁寡欢，经常与同学闹矛盾，总认为别人欺负她。课堂上老师提问，她从不抬头，也不理睬。张老师追问原因，她紧张得手心出汗，哭起来。张老师很纳闷：这孩子怎么了？经过调查了解后，才得知原来孩子父母正闹离婚，家里闹得不得安宁，孩子失去了安全感，每天烦躁不安、易怒，还动不动就流泪。张老师看在眼里，疼在心里。于是她每天找孩子谈心，像妈妈一样关心着她的学习和身体。她还让孩子把心里不敢与人说的话写在交流本上，与老师交流心里话。渐渐地，孩子开朗了，学习状况也有了极大好转，孩子还在张老师的指导与鼓励下参加了学校的演讲赛，并获得了很好的名次。在她获得名次的那一瞬间，她情不自禁地跑到张老师的身边深深地拥住了她。全场都被这突如其来的拥抱震撼了，响起了雷鸣般的掌声……

二、心系学生，爱岗敬业

张老师在自己的岗位上勤勤恳恳，在个人与学生、家庭与学校的关系上，她始终以工作为先，以学校为重。2014学年下学期，她感觉腹部严重不适，食欲变差，身体日益消瘦，到省人民医院检查，诊断出肝脏上有三个血管瘤，还有胆息肉、胃息肉，但当时她正担任二年级语文教学工作和三个班的英语教学工作。同事劝她请假，她说孩子们的课程绝不能耽误。她决定不请假，坚持到放寒假再去治疗，她不敢把病情告诉家人，也没向学校领导反映，直到放假才到长沙进行康复治疗。治疗期间她注意饮食，加强运动，病情才得到较大改善，之后她又回到学校静心教学。张老师喜欢和学生在一起的日子，因为她知道自己是一名人民教师，教育好学生是她的使命。只要踏入围庵小学就能找到她在教室中穿梭的身影。

三、专注教学，业绩突出

在十六年的教书生涯中，张老师屡次扛起教学重任，服从学校安排，经常承担多班的教学任务，任教班级的教学成绩位于前列。关爱后进生，注重个性的培养，使自己的教育境界得到升华。默默无闻，任劳任怨，讲求实效是她的一贯作风。

在普通的教育教学岗位上，她对工作总是满腔热情，一丝不苟。从高中调到小学来的张老师，接任小学各类课程教学，并在其中下了大量的功夫。她主动请教前辈，学习低年级语文教学经验，从一个简单生字拼读到汉字书写笔顺，从普通话朗读到课堂用语，她都刻苦学习，精益求精，深入钻研教材。现在的张老师已成长为一名真正的语文教师，课堂上流利标准的普通话，灵活规范的课堂语言感染着每个学生，课余既处理班务，又精心策划丰富多彩的校园活动，两者都做得游刃有余。

四、精心耕耘，硕果累累

功夫不负有心人，一个习惯差，文化知识基础相当薄弱的班级在张老师的精心管理下，变得井然有序，学生学习习惯有了极大改善，学习成绩稳步提升。家长对她的辛苦努力做出了很高的评价与肯定。她还帮助学生参与各类比赛并取得优异成绩。以下是她近几年获得的成绩：

2014年度荣获安乡县教育局"嘉奖"奖励；

2015年度荣获"嘉奖"奖励；

在2016年度省优质空间课堂建设中，荣获"安乡县小学语文优秀新任教师"光荣称号；

2016 年度参与省信息技术与学科整合在线集体备课大赛，荣获湖南省级小学在线备课一等奖；

2017 年在"阳光校园，我们是好伙伴"主题活动中，荣获"优秀指导教师"荣誉。

路漫漫其修远兮，她会如喜欢的格言一样，在平凡的工作岗位上默默地教书育人，绽放出美丽的火花，烛光在朴实无华中闪亮。

痴心不改育桃李

　　三尺讲台，一颗爱心；放飞希望，乐此不疲。这既是彭培元老师从教三十多年来的真实写照，又是她的执着追求。社会赋予教师很多耀眼的光环，作为一名教师，彭老师深知这一点。作为一名普通教师，她努力做到了身正为范，用自己的言行诠释了师德的高尚。彭老师常说："我的两个心房，一个装的是良心，另一个装的是爱心。当好一名教师就是要有心，做学生的有心人。"她朴实的话语不禁让我们感叹："一名老教师，是什么支撑着她的信念，让她如此不知疲倦，热爱这份职业？"

　　著名教育家苏霍姆林斯基曾说："教育技巧的全部奥妙在于如何去爱护学生。"曾经有一个学生的父母离婚了，父母各自都组建了新的家庭，这个孩子感到相当自卑。虽然有外公疼爱，但是他还是沉默寡言，学习成绩也是一塌糊涂。为了让这个孩子能够不掉队，她不辞辛劳走访孩子妈妈的新家，而这个妈妈正在"坐月子"。她推心置腹地和孩子的妈妈交流，希望妈妈多给孩子关爱。她朴实的话语感动了孩子的妈妈，妈妈感叹孩子遇到了一位好老师。从此，孩子的笑脸像花儿一样绚丽，学习成绩进步迅速。

从教以来，特别是实施素质教育的今天，彭老师深深体会到上好每一节课的不易：要考虑学生的智力因素和非智力因素，要传授科学知识，还要根据学情传授科学方法。如何做到以知识传授为载体，以培养能力和创新精神为目标，促进学生的个性发展和综合素质的提高，这是时代对教师的要求，也是时代赋予教师的责任。在这一认识的指导下，她不敢停留在经验上，因而对业务刻苦钻研，注重自身素质的再提高。她往往为了一个小小的困惑而废寝忘食地查找资料，与年轻教师一起商讨问题，直到深明究竟，认为能给孩子们一个满意合理的答复才罢休。

彭老师说："严格是我对学生的第一要求。"是的，无论是在学习上、生活上还是纪律上，在活动中、交往中还是假日中，彭老师都坚持严格要求，严中有爱的原则，为学生身心健康着想，让他们感受到学校、班级这个大家庭的温暖，使他们主动融合到集体中来，认真而愉快地学习。彭老师总是认真批改学生的作业，通过将平时的观察与检查学生的书面作业相结合的方式，了解学生的学习态度和进度。当学生出现较大的进步时，她会及时鼓励与表扬；当学生的成绩出现较大的退步时，她会及时调查原因，扭转局势。彭老师经常通过与学生父母的对话，了解学生在家庭、社会等方面的表现情况，争取家长对学校工作的配合。一个班几十个学生，学习层次自然是参差不齐，为了使每个学生都能得到发展，彭老师摸索出了一套独特的教学方法。她反对学生"读死书""死读书"，始终把激活个体的积极性放在首位。为此，她大胆改革，锐意进取。比如，在课堂上，为了使每个学生都能参与，她按不同的层次把学生编成不同的学习小组，布置与之相适应的学习任务，让每个学生学得轻松，学得扎实。近几年，她所任教班级的学业成绩总是名列前茅，让其他老师赞叹不已。

爱无价，情永恒，为了达到教育的最高境界，为了学生的发展，彭老师用自己的爱、自己的情，永远在教育路上跋涉着、耕耘着、探索着、追求着……

8路车上的售票女孩

　　今天的天气很热，和好友逛完街后，我们便分道扬镳。一个人在"麦香缘"准备吃东西，才发现没有陪伴，很是无聊。于是便打了几个好友的电话，好友却因为各种原因不能过来。我找一个角落静静地坐下，聆听着伤感的音乐，才发现原来独处的感觉也不赖。

　　吃完午餐，我准备回家，想打出租车，却还是看见了8路公交车，索性我就钻了进去。好心的售票员立即给我让座，让我没有一点后悔上车。因为被人关心着，窗外的一丝凉风让我感觉到夏日的清爽。就在这时候，有两个小女孩上车了，手中摇晃一张100元的钞票准备买票，可谁知售票员没有零钱找。两个小女孩很无奈，准备下车。

　　没有想到售票员说："算啦，下次再给吧！"就是这一句不经意的话，让我忍不住把目光从窗外收回来。蓦然发现售票员只不过是个 16 岁左右的女孩子。看着她清秀的脸庞，想着她为可能只比她小一两岁的两个妹妹圆场时我很感动。这两个妹妹因为没有零钱红着脸坚持准备下车时，再一次被她阻止了。两姐妹很是不好意思。这个售票员小妹依然微笑着说："没关系。"车子继续在行驶。

又过了一会儿，一男人上车了，他给了售票员一元钱，而且是非常皱巴巴又缺角的纸币。他打完票后若无其事地接自己的电话。小女孩看着这张"面目全非"的钱，走上前欲言又止。等一会儿，他的电话打完了，小女孩迈前一步，很有礼貌地说了一声："叔叔，您这张钱不合适，可否换一张？"可谁知道那男人厉声说道："是你们 8 路车找给我的，对，就是这辆车，当然又还给你们啊，不用找我哒。""没有呀，不可能，您记错了吧。"女孩子面红耳赤地辩解。可男人仍然满不在乎地望着窗外，干脆不理会小姑娘。这时，又上来乘客了，小女孩只得委屈地离开。

看着这一幕，我意外地发现小女孩是如此的坚强，她可能刚刚走入社会，初次尝到人间的酸甜苦辣，但她很坚强，没有因为委屈而掉下泪水。其实她也曾有礼貌地付出，可是却没有计较回报，默默地承受。我自叹不如。就在淫雨霏霏的昨天独自流泪，因为一件不经意的小事黯然神伤，想想自己真是脆弱，竟然抵不上一个涉世未深的小女孩。谢谢你，小女孩，你让我这个"林妹妹"感受了委屈不算什么，我们不管面对什么都要选择坚强，就算流汗，也不流泪，拒绝眼泪，拒绝脆弱。

今天，我虽然不认识你，但你教会我即使别人不尊重你，自己也要尊重自己，保持微笑。感谢伤害你的人，她唤起你的自尊；感谢帮助你的人，她唤起你感恩的心。常怀感恩心，一生无憾事。也许别人真的无心伤害你，要坚强，擦干眼泪酝酿幸福的甘甜，学会笑着面对一切。选择坚强，成就自己的点滴幸福，你会快乐一生。也许幸福就在不经意间叩响你的门，敞开心门迎接你要的幸福。小女孩，希望你坚强着、快乐着、幸福着。你一定要幸福，我要你幸福。

校车上哭泣的小男孩

　　星期三早上，我和王老师在校门口值班。忽然，校园保安张师傅神色紧张地跑过来，对我们说："快过去一个老师吧，——班一个学生在校车上发着脾气，不肯下来呢。"王老师闻讯立马跟着张师傅过去了。不一会儿，校门口熙攘的人群里蓦地夹杂着小孩子歇斯底里的哭喊声："我不要下来，我要回家，我要爷爷。"循着声音看过去，只见一个小男孩被王老师领着出现在我的视野中。王老师一边摸着孩子的头一边对孩子说："别哭啦，别哭啦，你瞧这么多人看着呢，多不好啊。你说你为什么不愿意进教室，而要在这里哭呢？"

　　只见小男孩依然头也不抬地哭泣着，脸上还有泪滴滑落，着实让人心疼，似乎有满腹的委屈。此时王老师弯下身子对他说："你想说什么就说吧，别哭了，好吗？

你把你的事情说清楚。"

　　我知道小男孩肯定有什么故事，于是在一旁默默地看着。通过了解，原来小男孩的爷爷今天没有送小孩子上学，所以他不肯下校车。这时，小男孩满脸都是眼泪，他还是不肯去教室，嚷着非见爷爷不可。王老师无可奈何，只好温和地对他说："你得把爷爷的电话号码告诉我。"我俯下身去，"你怎么啦？爷爷没有来一定是有他的原因的，你能够先安静地不哭吗？如果可以，那说明你依然是个好孩子。"可是他依然头也不抬，把脸固执地扭到一边去。这个时候门卫张师傅走进来，他说："你看你这孩子，你今天都把我咬伤了，真是作孽啊！你的脾气啊，太倔了，这样的孩子老师就应该好好管着。"话一说完，孩子迅即又大哭起来。这让王老师和我不知所措。我劝门卫张师傅别再说了。只见王老师又对他晓之以理，动之以情地说："你瞧你把别人弄伤了，你应该说对不起啊。他想把你从校车上面拉下来，肯定是有原因的呀。司机还有别的事情要做，你怎么在校车上面不下来了？别人拉你是想帮助你，并不是要去伤害你。你看你伤害到别人应该对别人怎么说呢？用嘴咬人是不对的，孩子。"张师傅在一旁很愤怒地说："这孩子肯定是受了什么委屈了，把气全部撒到我身上来了。唉，我今天是走什么运了？学校非得好好教育！"我们和张师傅解释说这孩子还小，大人不计小人过。"我就是看他是个孩子，我才不和他一般见识，反正我已经给他爷爷打电话了，他爷爷应该会马上过来的，让他爷爷来处理吧！"孩子坐在那里，依然不说话。不一会儿，孩子爷爷来了。爷爷跑过来走上前火冒三丈，二话不说领着孩子就是一顿暴打，边打边说："看你还淘气，这么不听话，你怎么这么会添乱呢？"此时，孩子恐惧的眼神乞求我们的援助。看着这副情形，我觉得这孩子今后一定会更不愿意上学的。于是，我和王老师一起上去尽力阻止，爷爷才停下来，语无伦次地说："这孩子，我和他说好了的，今天我出门做事不能送他，他奶奶走亲戚去了，我托付校车师傅接的他，他怎么就这么倔强呢，还不肯下车，居然还咬伤别人了，真是气死我了。我本想今天开始工作，毕竟三个月没有做事情了，天天嘴巴要吃，不能坐吃山空啊。"通过爷爷的诉说，我们才知道原来他的爷爷以前一直坚持送他上学。可是今天他爷爷上班没有送他，他就开始闹脾气了，可能觉得是爷爷不爱他了。

此时我们终于知道了事情的来龙去脉。了解了真相的王老师悄悄地走到了这个孩子的面前，把孩子拉到一边，大声对孩子说："你瞧你的书包，收拾得多好啊，看来你不是一个厌学的孩子啊。学习还是很有乐趣的，今天肯定是有什么事情烦着你了吧？和我一起去教室上课吧。"不知道王老师还悄悄和孩子说了些什么，孩子似乎明白地点了点头。然后，王老师对爷爷说："您走吧，这孩子交给我了。"爷爷感激地说："你是他班主任吗？""不……不……是，我是今天的值班老师。"说着王老师就把这孩子带走了。爷爷和门卫张师傅说了一些话，满怀歉意握住张师傅的手说："今天对不住了，孩子把你咬伤了，我得带你去看医生啊，去打一个破伤风针吧！"张师傅刚才的怒火瞬间消失了，一脸笑意地对爷爷说："他也是孩子，不懂事。算了吧，没什么大碍的。"爷爷紧紧握住了张师傅的手，对他说："谢谢你的理解，我真的是不好意思，太不好意思了，对不起！对不起！我还是陪你去打一针吧！"但是，张师傅却委婉地拒绝了。接着孩子爷爷无可奈何地说出来龙去脉。他住了三个月医院，三个月没有工作了。今天想出门做点事，因为家里需要花钱。可是他刚到工地，就被这淘气的孩子催着打电话赶过来。之前都协商好了的，就说今天爷爷去上班，他自己去上学，有校车接。没想到孩子还是不乐意，居然还在校车上和别人发生矛盾了。被他这么一闹，今天的老板就不要他做事了。爷爷感激地对我说："谢谢你们，谢谢学校。"我笑着对他说："你走吧，我没有做什么，得谢谢刚才那个王老师，是王老师让孩子的情绪稳定下来了。"我又对他千叮咛万嘱咐，以后千万不要这样粗暴地对孩子。爷爷若有所思，和我挥手告别。看着王老师和孩子的背影，我想原来孩子是需要被温柔相待的。

　　事情还没有结束。第一节课下课后，小男孩怯生生地站在我们的行政室门口。我笑着对王老师说："今天这孩子缠上我们温柔的王老师呢。"王老师闻讯迅速地站起来："怎么啦？""我……我的水杯不见了。"王老师放下手中的工作，走过去轻轻拍着他的头说："等下去找一找吧，如果现在你实在是口渴了，老师就用茶杯帮你倒点水喝，可以不？"孩子此刻像个温顺的小羊羔。王老师转身就给孩子倒了一杯水，递到了孩子的手上。孩子接过水，喝了后难为情地迅速跑开了。看着他远去的背影，我想这孩子情绪应该稳定下来了。

　　我觉得孩子是需要被爱的，尤其像这样的留守孩子，动不动就给他一顿打是解决不了问题的。今天的王老师表现得对学生非常有爱心，这让我感触颇深。现在的青年老师对待孩子能把爱心放在第一位，把耐心放在第一位，就会驱散孩子心头的疑云，敞开孩子的心扉，是孩子的幸福，也是学校的幸福！我想以后这个孩子一生都会记得这个早上，记得感激今天保护了他的王老师。感激她温柔的话语，感激她的循循善诱，感激她递给的一杯茶。也许就是这样的温暖，足够让孩子回味一生。我相信孩子以后的眼神，会有一束温柔的光，因为爱会带来改变……

走进校园

让走廊成为经典文化之窗

　　春夏之交，走进围庵小学校园的花语楼，浓郁的文化气息扑面而来。首先映入眼帘的是走廊上一幅幅色彩斑斓的经典诗词挂画，丰富多彩，鲜艳夺目，犹如一扇扇"经典视窗"。以"诗""礼"为重点，成为围庵小学"回味经典，滋润心灵"的特色德育阵地。

　　这是一道靓丽的风景线，"传承经典之美，诵读文化之韵"。走廊有了学生学习语文的一扇扇清新自然、色彩斑斓的知识之窗，《弟子规》《三字经》《唐诗》便成为学生念在嘴上，挂在心上的经典。

　　校园文化如何布局，如何有自己学校的特色？在经过反复的思考之后，学校以市级课题"基于情感体验的小学古诗朗读教学研究"中探讨关于小学生体验古诗情感的途径作为突破口，推广古诗吟诵。经过深思熟虑，我们终于敲定了不同题材的二十首诗，如送别诗、边塞诗、思乡诗、田园诗、爱国诗、励志诗等。

在我们的等待与期盼中，这些色彩鲜艳的经典诗词挂画犹如可爱的燕子，在学校教学楼走廊"安家落户"。每次看到它们，我们的心里总是掠过一阵欣喜。我们的学生总会不由自主地放慢脚步，抬头看看悬挂在上空的"遥远文字"。他们在品赏古色古香字画的同时还能得到心灵上的感染和净化。

课间活动时，我随意叫了两名同学，问道："你们喜欢这种设计吗？""喜欢！"学生开心地回答。在一旁的学生就开始津津有味地吟诵起来："正是江南好风景，落花时节又逢君。"'子不学，断机杼'这句我还知道它的意思！"他饶有兴趣地解释起来。

走廊"突变"以后，学生感到耳目一新，他们面对的不再是苍白四壁，而是多了一抹靓丽绚烂。老师们一边欣赏，一边笑意盈盈地说："我们校园的文化气息越来越浓了！"

为了传承传统文化经典，我们还选择了《三字经》《弟子规》中通俗易懂、寓意深刻的内容放在古诗画框的反面，让孩子不管从哪个角度看都有画面，都是一扇扇色彩斑斓的阅读之窗。它们润物无声，滋润孩子的心田。

"传承经典之美，诵读文化之韵"，探索的路上脚印深深浅浅，我们会一直努力前行。

书香入怀润心田

人累了，喜欢独坐一室，让疲惫之身得以安宁；心累了，喜欢捧起一书，让浮躁之心得以慰藉。书中自有黄金屋，书中自有颜如玉。书是流动的血液，书是灵动的生命，书是无尽的源泉。感谢与书相伴的日子，不仅扫除了心灵的尘埃，也让自己收获了宁静，更让自己心处一片净土，与书为友，与快乐相伴，与成长相依。

假如有人问我，近 30 年的人生历程中，最喜欢什么。我会说，我喜欢泉水，它给了我清雅纯洁的心境；我喜欢大海，它给了我无私博大的胸怀；我喜欢高山，它给了我坚强无畏的意志；我最喜欢的是读书，它给我不仅仅是心灵的慰藉，更有成长的收获！

"书是人类进步的阶梯"，与书为伴，我觉得自己拥有了更多的智慧，喜欢读书的女人应该是富有的，她拥有太多的朋友，在书中品味不同的人性，正因如此我一直都喜欢读书。书是怒放的生命，书是绽蕊的花朵，书是甘甜的汁浆。在书中行走，我感到的是智慧，是温馨的宁静，是激烈的舞动……

回首读书的日子，我仍忍不住怦然心动。一路走来，山高水远，我对书始终保持着一种绵绵不尽的情感，夜阑人静，一书在手，思绪万千。与书为伴的日子，充实、快乐、振奋，青春的本色在书香的温润中闪光、炫彩、成长。

一次偶然的机会，读到《演讲与口才》杂志中的一篇稿件——《为自己的父母洗脚》。虽然这是很简短的一篇文章，但是对我的触动却很深。也就是那一次，我明白了年迈的父母生活的艰辛，也就是因为那一次，我开始尝试第一次为母亲洗脚。还曾记得当时母亲是那么不好意思，面露惭色，手足无措。依然记得自己第一次弯腰为她脱袜，忍不住潸然落泪。直到后来她生病了，我也几乎是天天为她洗脚，一切都那么习惯，那么顺理成章，也那么温暖，也那么幸福。现在我还能忆起她嘴角幸福的微笑。其实，为母亲洗脚，仅仅就是那个第一次意义非凡，也是她最开心的一次。现在，母亲已经长眠地下，我虽然想念她，但是却没有书中"子欲养而亲不待"的遗憾困扰我心。

作为"人类灵魂的工程师"，我们面对的是鲜活的生命，娇嫩的心灵，祖国的未来。教学相长，只有读书，我们才能拥有源头活水，滋润学生求知若渴的心田；只有读书，我们才能影响学生读书；只有读书，教起书来才会得心应手，左右逢源，妙趣横生，事半功倍。课间闲暇时，我会选择《湖南教育》《教师》《苏霍姆林斯基给教师的建议》等教育短篇来为自己充电，扩宽自己的知识视野。这些书就像循循善诱的教师指引着你，善解人意地为你传道、授业、解惑。"业精于勤荒于嬉"，我要汲取其中的精华融入自己的骨髓，让自己在教育的沃野上耕耘，享受收获桃李的芬芳。

与书为友吧，因为读一本好书，就像迷途的航船遇到了航标灯，高扬理想的风帆，驶向人生的彼岸；与书为友吧，因为读一本好书就像失意的千里马遇到伯乐，在你彷徨落寞时，给你孤寂的心灵送上赏识的温馨；与书为友吧，因为读一本好书就像严冬里遇到了炭火，它会以无私的自信给你燃起澎湃与激情；与书为友吧，因为读一本好书就像酷热的夏天里遇到了浓荫，在你孤芳自赏时，给你浮躁的心灵泛起清爽的凉风。

与书为友，让一缕书香伴我同行，让一缕书香伴我成长！

⑤ 手捧书纸亦芬芳

对《做最好的老师》（李镇西）一书，初读书名有一种发自心底的感动，这份感动源于我担任一线教师十多年的教育教学经历，也来自于我对教师这一职业发自内心的喜爱。

繁花落尽，当一切随着年龄的增长悄悄归于平静之后，细细梳理，发现很多年轻时原本很在乎的东西都变得不再重要。生命的本质到底是什么？我在思考，在生活中思考，在工作中思考，也在读李镇西的《做最好的老师》中思考……

李镇西老师在书中用多篇随笔和叙事文章告诉我们，教师的职业生活是平淡而丰富的，也是生动鲜活的。阅读"万同"的故事、"杨嵩"的故事，每一个故事都深深吸引着我，仿佛就发生在我的身边，亲切得就像说自己的事情。这些看似琐碎的叙述正是以最最真实的方式在描述我们教书人的生活——平淡得在外行人看来有些乏味的生活，但我却在读书的过程中不止一次地落泪……

"让每一个孩子都不要失去做一个好人的信心"，这是书中让我感触最深的一句话。每一个孩子从一出生都怀抱着对这个世界的美好希望而来，谁都渴望做一个被社会、被他人接纳和肯定的好人，而在孩子们成长的过程中鼓励他们并给予他们信心的重任由谁来承担呢？除了家庭和社会，最主要的就是学校，是陪伴孩子们一起成长的老师了。老师在孩子的心目中是那么神圣、那么伟大，老师的每一句不经意的话，每一个不起眼的举动都有可能在孩子们稚嫩的心中产生巨大的影响，甚至改变他们的一生。因此，无论在怎样的情形下，我们都要让每一个孩子都怀抱一片光明的希望，善心不泯，信心不泯……

学习感悟

⑨ 培训原来可以如此美好

恰逢 2014 年"'国培计划'湖南省合格小学学校校长培训"来临之际，我被安排参加此次培训，在享受愉快的暑假生活的同时，欣然来到湖南文理学院。来的那天，一时兴起，写了一首小诗："相识风雨中，求学文理院。览尽专业知，采撷珍珠串。"仔细回想，这几天培训还是真的令我收获不小。

8 月 12 日早上 8：30，继续教育学院的叶进书记在开班典礼上发言，强调此次培训的意义，并提出学习纪律等方面的要求。学院的各项安排及生活上的嘘寒问暖，体现了主办单位在用心地筹备此次培训工作。

开班典礼后，教育部国培专家黄佑生老师以"立德树人——校长的使命、挑战和作为"为主题做专题讲座。他精彩的报告让我们的思想受到洗礼，懂得校长的使命是学校的生命线。下午，我再次聆听了湖南文理学院教授刘潇潇的"依法治校的实践与案例分析"主题讲座。他谈吐诙谐幽默，生动的案例讲述为我们演绎"实践出真知"的思考。

令我印象最深的是国培专家吴伦敦教授的讲座，他对"义务教育学校校长专业标准"的解读入木三分，枯燥的理论在他的课堂灵光闪现，魅力无穷，引领着我们向专业深处迈进。

还有一位一直站着上课的余宪校长，对话筒的不给力她没有丝毫的怨言，依然用她那温和的声音为我们讲述湖南一师成功办学的点滴。还有她那"以人为本"的教育思想，让学校的教师各有所长，让学校的学生在温暖的校园"悄然绽放"。让我们听到幸福的"花开的声音"，诠释教育的真谛。

禹明、梁祝校长曾经先后管理同一所学校。他们提出了很多的观点，我感触很深的有以下三个方面。

一是教育现代化。我们学校教室的多媒体设备刚跨过电子白板进入一体机，他们学校就出现"云教育""平板电脑班""未来教室的建设"等理念。真正感到自己不学习、不更新知识和技能，不久的将来自己真无法上课了。

二是"好的教育是个性化教育""课程开发是国家课程的校本化""没有期待改变的决心，将一事无成""课堂是离教师专业发展最近的点""减负真正的是减轻课堂压力""压力和负担不是教师懈怠教改的借口"等教改理念让人寻味。

　　三是懂得一些管理理念，如"制度养校"。还有给老师们的一封信中的观点：要改变一个人就改变他的期望，要改变一个教师就改变他的价值期望。三天的学习，确实使我收获颇丰。自己尝试站在校长的角度思考问题，感到自己管理理论水平不高，视野不宽，角度不广，相信通过接下来的学习，我一定更上一层楼！

🌀 爱在温柔的坚持中绽放魅力

回忆是深深浅浅的河，七月，除了雨季带给我的波涛汹涌，更多的是对一位妈妈——凯瑟琳带给我的独特的人格魅力的感动。她来自美国，是一位儿童行为导向研究的心理专家。《小学生导刊》的编辑袁妲把她引入中国。说起袁妲，我对她的印象是——在她美丽的脸庞上无时无刻不浮着浅浅的微笑，经常举着一架高档的摄像机穿梭在我们的中间。感谢《小学生导刊》的所有工作者，让我在这个七月与一群行走在教育前沿的名优校长和默默奉献的老师有如此难忘的相遇。

不可否认，我参加这个培训之前不止一次地问自己：到底要不要去？她会给我哪些帮助？这样的培训真是被特别邀请的？培训真的是免费的吗？我是不是应该再考虑考虑？安乡还有其他的教师参加吗？现在来看，我庆幸自己选择了坚持。

　　这真的是一次美丽的遇见。在凯瑟琳的课堂，我看到了她在现场的角色表演中一次又一次征服了所有的听众，让我最为感动的是凯瑟琳用一位妈妈应该有的爱的眼神和抚触，使一个"调皮近乎顽固的孩子"（一位身处困惑的妈妈扮演的家里非常顽固的孩子）心服口服。

　　回到家里，我尝试着用她的"设定界限三步法"首先解决孩子的看电视问题。以前孩子看电视就是喜欢和我打"拉锯战"，而有的时候我可能也没有坚守原则。当我听到凯瑟琳老师告诉我们，孩子最终的行为目标与父母的行为导向分不开时，我渐渐意识到自己的教育可能还是有些问题。虽然我自认为对于孩子的教育还是用心的，但是对于爱的"情感银行"投入也不是十分充分。凯瑟琳说，爱是温柔的坚持，父母对孩子的爱是有界限的。当她问我们"底线"和"界限"的区别时，我们都误以为"底线"比"界限"更深。而从她的回答中，我终于认识到作为父母要处理好"界限"，和孩子和睦相处是很有必要的。孩子将来生活在"爱的主导"型关系下会更有创造力。我对此是深表认同的。

　　她还要我们回忆一下自己的父母在管教我们的时候带给我们的负面情绪。我想到了自己的妈妈很严厉，她会和爸爸经常争吵，一争吵就会摔东西。记忆中她不是很冷静，因而他们每次争吵我都会很恐惧，害怕他们离婚。我的记忆中这些，使我也会在特别气愤的时候也有摔东西的行为。这就是父母潜意识带给孩子的错误的行为导向。

我听了凯瑟琳老师的一席话后就豁然开朗。原来，父母的行为导向在不知不觉中影响到孩子。你对孩子咆哮，他未来也会有咆哮的行为，这是不良行为导向下孩子的报复行为。为了给自己的孩子最好的教育，我们应该学会控制自己的不良情绪，尤其在孩子面前。

尽管我偶尔会唠叨，也会有些小情绪，但只要我家的宝贝说"爸爸妈妈你们别这么大声，打扰到我了"，我会立即控制自己的情绪。当老公还在辩解时，我避免再次冲突会去选择拿一本书看看，然后示意他我们为孩子而约定"为了爱忍耐六分钟"。他也会很配合。儿子也无疑中成了我们的"灭火器"。这样一来我们也就避免了"火山爆发"式的争吵。

培训结束前几天，我尝试着用"界限设定三步法"，用老师教我们的方法对孩子。老公对于我的转变颇感意外，笑侃着说："可能最近几天还有效，你能坚持几天？不过话说回来，孩子也真的很奇怪，现在吃饭居然你不用'威胁'他也乖乖'就范'，这'三部曲'还不错，但估计过几天就没有效果了。"我也没有辩解，只是在我和孩子的交往中，总是尝试着温柔地对待他。给他充满爱意的眼神，充满爱意的抚触，每天临睡前额上吻吻他，

爱的馈赠——一位校长对教育的思考

给予他充分的关注，让他感受到我对他的爱。有时我也会放下手中的手机和书本蹲下来和孩子一起玩他最喜欢的"识字游戏"。渐渐地，我和孩子的距离越来越近，孩子的爸爸也在感觉孩子的变化。

　　昨天晚上，老公和我说了一件让他觉得很意外的事情："老婆，今天宝贝在枫叶书店看书，他坐在地上有点咳嗽。我大声地喊他，他却不理我。我说妈妈不让你坐地上，他立马就站起来了。你还真的是遥控指挥了。我算是佩服你了，梦泽真是听你的。有一次你逛街没回来，他看电视没完没了，我想让他洗澡睡觉，他说不想洗澡。可一听到你的脚步声，他马上关掉电视自己脱衣服去睡觉了。"我听到老公的称赞甭提有多高兴了。（因为他是一个不服输的人，而且相当固执）我莞尔一笑，略带不屑地说："你不是说我不会管孩子吗？其实我天天都在用爱的教育方式在'管'他呀！因为凯瑟琳老师说了，教育是天天坚持的，爱的情感银行也需要天天有爱的语言和鼓励的投入，你没有发现我对儿子更有耐心了吗？这是情感的投入，你每天只知道看手机，孩子让你陪他你也端着手机，说自己搞什么研究，你又不陪儿子，除了他听话的时候偶尔和他说笑，然后稍有不如意就是大声责骂和暴打，所以你每次大声训斥他也没用，你要对他多关爱，多陪陪他，和他有眼神的交流，让他感觉你也爱着他。不然，他说爸爸总是打我，他是我的假爸爸！

我不喜欢他。""哎，有你就够了，我没这么大耐心，我本来是想让他自由发展。现在看来还是你做得对，你要坚持下去哦。我相信你比我强！"过了几天，儿子把书丢在一边跑过来大声说："你们谁来陪我玩游戏？我要玩游戏了，说词语的游戏。"（我家宝贝四岁半，现在对汉字特别感兴趣，每天都喜欢说汉字组词，津津乐道，乐此不疲）出乎意料的是，老公说："儿子，爸爸来和你玩。"儿子说："我说黑，你说白，我们来组词好不好？你先说黑，爸爸。""黑，黑色，黑夜，怕黑"，"白，白天，白色，太白"就这样父子俩你一言我一语开心地做着识字游戏……此刻，我就成了幸福的旁观者。

学生习作

3 手机"失踪"之后……

清晨，我迷迷糊糊地爬起来，眼前的一幕给我看懵了，映入眼帘的是一条繁华的古街。

这是哪里呀？怎么像是在古代？难道我穿越啦？不可能的，这种小说里才有的情节怎么会发生在我身上呢？我习惯性地摸了摸口袋，想看看时辰。呀，手机怎么不见了！算了，还是先去问个路吧。

拐角处找到一位爷爷，我满脸疑惑地问道："爷爷，请问这是哪里？""这乃是大唐长安！"爷爷捋着胡须回答道。"唐……唐……唐朝！"我目瞪口呆。"对呀，怎么了？"爷爷疑惑地问道。"没什么，谢谢！"我连忙说道。

正在我迷惑不解时，发现远处冒起了黑烟。我连忙跑过去看，原来是一栋房子着了大火。我惊慌失措地大喊着："快打电话叫火警来灭火呀！"话音刚落，就有人莫名其妙地问："电话是什么？火警又是什么？"我顿时无语，只好跟着人群一起抬水去救火。最后，虽然众人扑灭了大火，但那房子已被烧了个精光。

这时，我又冷又饿，多么想有一台手机或者电脑跟我的家人联系，告诉他们我在哪里，然后用微信扫二维码付款买东西吃，或者直接点"美团"外卖。实在不行，用手机导航找到回家的路，打"网约车"回去也行呀！

渐渐地，我感觉周围的场景在不断地变化。恍惚间，我坐上了一趟列车。一上车，我遇见了我的同班同学龙龙。我跟他打招呼，他却光顾着玩他的手机游戏，好像不认识我似的。车厢内随处可见戴着耳麦、拿着手机的"低头族"。他们完全沉溺在虚拟的网络世界，对周围的一切视而不见、充耳不闻，把自己与周围的世界割裂开来。

正在我迷惑之际，我蓦然看到列车上显示的时间是2025年8月2日。天哪，我怎么又穿越到了六年后了，这就是未来的时间。我问龙龙："你的好朋友千千（我的小名）呢？"他指了指旁边的一个小胖子："谦，有人找你。"只见旁边那小胖子大约十五六岁，体重似乎有一百五六十斤，还带着一副很高度数的近视眼镜。天哪，不敢相信这就是六年后的我。

我问龙龙："千千怎么变这样子了？"龙龙叹了口气说："都是手机惹的祸呗！"他爸给他买了一款很昂贵的

手机，里面游戏很多。开始，他只是在空余时间玩玩，渐渐就上瘾了，一拿起手机就不肯放手，眼睛死死地盯住那个小屏幕一眨不眨。他妈叫他学习，他也充耳不闻。后来甚至发展到上课也在玩。作业不做，上课不听，成绩一落千丈，从我们学校以前的"学霸"变成了"学困生"。瞧瞧，瞧瞧，都迷成什么样了。现在他视力才0.6，大家现在都叫他"四眼肥鱼"呢！

听到这，我吓出一身冷汗，尖叫道："我才不做'四眼肥鱼'！"忽然，我迷迷糊糊地睁开了双眼，慢吞吞地从床上爬了起来。原来是梦呀！此时此刻，我看着桌子上的电脑，床头的手机，感慨万千。手机、电脑带给我们便利和乐趣的同时，也成为影响我们健康成长的一大隐患。以后我一定要恰当地利用手机才对呢，可不能沉迷在手机的世界里，更不能玩物丧志，失去未来！

余　谦　围庵小学四二班

指导老师：蓟小玲

🌸 上春晚的滋味

　　日子之所以温暖，是因为有阳光的普照；秋天之所以五谷丰登，是因为有雨露的滋润；我们的生活之所以难忘，是因为有家人的陪伴。我，才出生八个多月时，爸爸妈妈就出去挣钱了，是爷爷奶奶一手把我带大的。每每看着别的孩子一家团聚的样子，我真是羡慕极了！

　　真好！学校发布了一条通知，说是要组织部分优秀舞蹈学生参加一次全县"2017 我要上春晚"的春晚海选大赛。我们学校要表演的节目是《盼团圆》情景剧，要求从四、五年级每班挑选出几名学生去参赛。始料不及的是，我们班就有三名同学被选上了，其中就有我。我心想：既然是以留守儿童为主题的情景剧，我就有信心能当上主角！我去王老师的办公室，向她报告希望参演主角。可王老师说："主角可不是那么容易就能当上的，必须要有六七年的舞蹈功底才行。"王老师的这句话，使有一点舞蹈功底的我更有信心参演主角了。回到家，我刻苦练习表情和动作。终于，功夫不负有心人，在主演选拔赛中我脱颖而出。王老师说："你确实是一个不错的'料子'！"听到这个好消息，我一蹦三尺高！就这样，我们的表演拉开了序幕，我成为小演员的门也随之打开了。

　　为了这次表演能够顺利进入安乡县的春晚，我每天废寝忘食地训练自己的表情和动作。俗话说得好，"台上三分钟，台下十年功"。我们非常顺利地通过了海选、复赛，以第三名的成绩入围。为了一鸣惊人，我把对爸爸妈妈的思念，全都倾注在最后那一声声嘶力竭的叫喊中："爸——妈，我——想——你！"没有想到的是，我们的节目《盼团圆》经过层层选拔，顺利入选安乡春晚。演出当天，我们的节目赢得在场观众雷鸣般的掌声！我永远也忘不了灯光下那经久不息的掌声和喝彩。也许他们永远也不知道，那一句"爸妈，我想你"，那一声悠长的呼唤，虽然只是一句简简单单的话语，但是里面却寄托了我对父母深深的思念。那一声撕心裂肺的呼喊，喊出了我多年的思念与心酸！爸爸妈妈，我多么希望你们能够多陪陪我，哪怕就多陪一个月，半个月，十天，哪怕一天也好。爸爸妈妈，我真想你们啊！

王子旋　围庵小学五二班

指导老师：蓟小玲

157

🌀 踏出第一步

　　阳光明媚的星期一是一周学校生活新的开始。七彩的阳光照耀着大地，我迈开步子走向校园，沐浴着这灿烂的阳光。

　　我走在校园的小道上，一阵阵微风抚摸着我的脸庞。风夹杂着一丝春的气息朝着我扑过来。这是我盼望已久的时刻——等待了漫长的一天而盼来的。我迫不及待地想踏出成长中关键的一步——即将进行的课本剧表演。我不止一次地嘱咐自己在表演过程中一定要带着感情和动作，展现出最好的一面。我不断在内心深处默默地鼓励着自己。

　　课本剧表演的时间越来越近了。同学们正在为课本剧兴高采烈地准备着。每个同学的表演都不一样，时不时语气变得欢快，时不时语气变得悲愤，时不时语气变得坚定……大家可认真了，我也不能输！在我们小组中，每个人的表情和动作都很到位，虽然是在练习，但还是排练得绘声绘色。正当我们演得投入时，老师一本正经地说："课本剧表演正式开始！"许多同学听到这句话，脸上露出的不仅仅有喜悦和激动，还有一丝紧张。我已经猜出了他们现在的顾虑。

老师还挑选了两个主持人，让他们主持好这次的课本剧演出。主持人让准备好的同学积极举手。在这一堂课中我太紧张了，没敢举手。正当我很后悔时，朋友推了我一把，说："再去问一问老师，看看能不能下节课再演。"

终于，我大着胆子问了老师。"演，只要还有同学想演就可以演。"老师毫不犹豫地回答了我。下课了，我独自在校园中漫步。微风吹过，小草朝我摆动着身子，仿佛在说："加油！你能行，只要有信心迟早会成为一颗最璀璨的星。"一只洁白的蝴蝶飞过，好像也在为我加油。连自然界的小伙伴们都在为我加油，我还有什么理由不相信自己呢？上课铃声一响，我毫不犹豫地举起手，因为我坚信，我的道路应该由自己来指路，没有过不去的坎儿，还有与我并肩努力的同伴帮助我。在这次表演中，我演的是主角，与同伴演得是绘声绘色。虽然在中间有些地方忘词，还出现了笑场，但是我已经踏出了第一步。表演结束后，台下雷鸣般的掌声回荡在耳边。

　　我们是正在成长的阳光少年，在不经意间，我们踏出了一步又一步。我们就像一只小鸟，用自己的翅膀翱翔，在天空中划一道最美的轮廓；我们就像一颗渺小的种子，早晚有一天会长成一棵参天大树；我们就像一棵毫不起眼的小草，但在茫茫土地中我们献出了一份充满生机的绿色。在我的人生旅途中永远不会忘记这勇敢踏出的第一步！

陈思思　围庵小学五二班

指导老师：蓟小玲

🦋 难忘的一次演出

每个人都有难忘的回忆。我也有一个回忆，一直被我珍藏在心底。

那天，早读的铃声清脆地响了起来，教室里不和谐的声音戛然而止，取而代之的是琅琅读书声。为什么今天同学们这么期待上课了？因为语文老师又要组织"课本剧表演"啦！

老师一宣布内容，大家立刻策划起来，就连平时最调皮的同学，也急急忙忙去找队友了。我马上组织好队友，开始了认真地排练。为了在表演时一鸣惊人，我和队友们牺牲了一天的下课时间完善了动作。回家后，队友们都废寝忘食地进行脱稿表演。特别是班长王子璇，表演得更是流利自如。皇天不负有心人。终于，我们都能脱稿试读，并且越来越熟练，越来越得心应手。为了真正达到一鸣惊人的效果，王子璇别出心裁：根据课本中的花木兰女扮男装的情节，让我男扮女装表演剧中的花木兰。起初我不肯答应，后来想着为了我们组能脱颖而出，我也就拼了。

课本剧表演如期而至，蓟老师竟然还请来了一个高个的摄像大叔。大叔很友善，对同学们点头致意。课本剧表演终于在我和王子璇你一言，我一语的主持下拉开了帷幕。当邀请同学们上台表演时，大家特别积极，全部都举起了手，用期待的眼神望着我们。我们也邀请了所有的表演组上台进行了表演。他们表演得或沉重，或诙谐，各有千秋。只是有的组表演有点手忙脚乱，有些组员不能脱稿，双手捧着课本，眼睛盯着课本上的蝇头小字，动作无法施展，没有眼神交流，表演就显得有些死板、笨拙。

终于轮到我们组隆重登场啦！我们组员默契地交换了一下眼神，那是在说："时机到了。"我们一起有条不紊地走上了讲台。虽说我早已胸有成竹，可真站在台上，不免还是很紧张，小心脏扑通扑通地跳着，手心里也捏着一把汗。我深呼吸两口气，默默给自己打气：不要怕，我是最棒的！表演开始，我站在台上，扮演着花木兰的角色，慢慢融入情境中，忘了紧张，忘了一切。我们用生动传神的动作，清脆伶俐的语言，向大家表演了这个令人感动的故事。我将花木兰替父出征，忠孝两全的形象表演得淋漓尽致，入木三分，我对自己的表现非常满意。教室里鸦雀无声，同学们都聚精会神地望着我们。当我们表演结束并鞠躬谢幕时，醒过神来的同学们给予了我们雷鸣般的掌声，并为我们高声喝彩。直到这时，我紧绷的神经才松弛下来，万分满足又身心俱疲地回到了座位上。

　　时光在不知不觉中悄然溜走，转眼那次课本剧表演已过去许久。可我们排练课本剧的过程，我接受花木兰角色的心理斗争，我们上台表演时的情景仿佛就在昨天。这次课本剧的表演给了我心灵的冲击，让我体会到了团队间需要协作，思维需要创新，个人需要服从集体。这样的回忆将令我终生难忘，这样的团队、这样的节目，都值得我珍藏。

　　　　　　　　　徐东阳　围庵小学五二班

　　　　　　　　　　　　指导老师：蓟小玲

第三辑

恋在红尘

生活散文

爱的馈赠

赠人玫瑰,手留余香。我想这是一个温暖的春天,阳光正好,花开正艳。除此之外,还有爱在校园。

上周五那天,学校放学时间到了。我刚从医院做完检查回来,身心有点儿疲惫,正往学校教室赶。就在楼梯口,准备回家的孩子们背着书包,站好整齐的路队,看到我一个个都喜出望外,活蹦乱跳地对我说:"老师,你回来啦?"我高兴地大声说:"是啊,老师回来了呀。"

"老师,你没什么问题吧?你身体还好吧?"孩子们你一言我一语地问。听到孩子们的问候,我身上的疲倦顿时烟消云散。我走过去拍拍他们的肩膀说:"老师没事,你们放心吧,快点回家吧。"这个时候小谦从人群里走出来,一脸憨态可掬地对我说:"老师,我妈妈说你需要休息,你应该是工作太累了。"无独有偶,也有一个小女孩显得特别引人注目，她是我班上的小程同学。只见她的脸涨得通红，时而微微翕动，似乎想说什么，却又没有说出来，紧紧地咬着嘴唇，两只手不停地拧着衣角。后面一个男同学推着她说："你不是说有话想跟老师说吗？快去跟老师说呀，有什么不好意思的。快去呀，我都急死了，你怎么还不去啊？"我连忙说道："你就是一个爱管闲事的人。""老师，我不是爱管闲事，我只是觉得她胆子太小了，她完全可以说出来。"说完了，小龙又推了她一把。

她似乎有点难为情，但是被男同学这么一说，不得不硬着头皮走了过来，满脸绯红地对我说："老师，你能让他们先走吗？我有话对你说。"我笑容满面地对孩子们说："你们回家吧，记得写今天的作业。我和她单独聊会儿，孩子们注意安全，再见！"小龙说道："你先去和老师说，我们回家了。""嗯，小龙，别为难他了不是，你先回家吧，她会和我说的。"我知道她是一个内向的女生，多愁善感。

依稀记得上次家长会前，我和孩子们都在精心地准备，为迎接家长的到来。孩子们欢呼雀跃，掩饰不住自己的兴奋，唯独只有她坐在角落里，眼睛里噙满泪水，孤独地哭泣。我轻轻地走过去问她："你怎么啦？"通过询问我才知道事情的原委。事情是这样的，因为妈妈生了二胎，她认为妈妈不爱她了，所以在那里哭泣，怕她妈妈可能来不了家长会。在家里妈妈很少管她，她觉得自己似乎成了一个多余的人。我拍拍她的肩膀安慰她说："不要紧，你妈妈是爱你的，今天她没有来，并不代表她不喜欢你呀。你这样的女孩，谁会不喜欢呢？老师就很喜欢你！老师口袋里有一块巧克力，是为我二年级的儿子留着的，现在就给你吧。不要哭了，如果爸爸妈妈要是没有来，我就给你当'家长'吧！"说完，我就把巧克力递给了她。不一会儿，她的妈妈来了，我和她聊了一些关于亲子教育的话题，妈妈也似乎明白了该怎么给她多一点关心。

此刻，她终于鼓起勇气过来怯生生地问我。她依然显得有一点害羞，有一点不好意思。她还是小心翼翼地走到我的身边，对我说："老师我有东西给您。"我疑惑不解地问道："什么东西？"她说："您和我一起到楼上去，好吗？"我说："是什么呢？"我不知道她葫芦里卖的什么药，就默默地随着她上楼了。到了楼上我才发现她课桌的抽屉里整齐地摆放着为我准备的面包，还有一杯老酸奶。我想这就是爱的馈赠吧！

她把面包递给我："老师，这是我特意为您留的，酸奶也是我特意为您留的。我知道您今天去做检查了，上一次我爷爷做检查的时候也就是吃的酸奶，没有吃什么别的东西。今天我把我的酸奶一直留着，就是想等您回来给您，送给您吃。老师，我希望您身体健康，教我们一直到六年级。我非常喜欢您，期待着您为我们上课，也期待着您的身体好起来。您今天怎么没给我们上课呀?"不知不觉间，她的话似乎多了起来。我笑着说:"是的，老师最近心口有点疼，所以去做检查了。""老师，您天天工作这么辛苦，还要教我们，可能真的很累，要注意身体呀!老师，您一定要吃面包，您今天做了胃镜，还没吃东西吧?您拿去吃吧，这是我的心意，我希望您健康、快乐!老师再见!"说完她头也不回地走了。

突然间我的眼眶一热，一股暖流涌遍全身，被爱的感觉真好!四年级的孩子，她也懂得爱，这也许就是爱的回馈吧!此刻夕阳西下，我依然相信夕阳无限好，看着她渐渐消失在校道上的背影，我的心里默默地说:做你老师的感觉真好!

🌀 爱的唠叨

　　我的爸爸是一个退伍军人，做什么事情喜欢追求整齐划一。别看他六十有余，可就是给人的感觉倍显年轻。你说他年轻，可是他还是有老人特有的症状——唠叨。虽然妈妈的离去让我失去了她的无微不至的呵护，但是值得庆幸的是我有一个对我关爱有加的老爸。有的时候，他有一点唠叨，让我心里偶尔会烦躁不安，甚至是不知所措。但时间久了，我会慢慢发现，在唠叨的背后，掩藏了深深的关怀。

　　"你们带小孩子夜晚溜达，别回来太晚，小孩子容易被吓到！"

　　"打雷的时候，别忘了关掉电视，断开电源。"

　　"上班要积极一点，早点起来，别睡懒觉。"

　　"吃早餐要及时，别懒得吃。"

"天气太热，不要带宝宝在外面晒太久，宝宝皮肤太嫩，会晒黑。"

"吃饭多吃一点，不要为了减肥不注意营养。"

"带孩子在外面注意安全，不要疏忽。"

诸如此类的唠叨，不胜枚举。好不容易机会来了，同学相聚，想在外面释放一下，到歌厅里唱我喜欢唱的歌曲，一不留神回家较晚。就在我蹑手蹑脚，踮起脚尖悄无声息地溜过时，他又在唠叨："怎么回家这么晚，都十二点了，像个称职的妈妈吗？孩子那么小，交给他爸你放心哦，只知道玩。"我心想：我老公都没有说话，你说什么。

今天终于周五了，按照我们夫妻俩的约定，老公可以把电脑带回家。为什么？你们也许会问。因为我老公一沾电脑什么事都忘了。家有淘气仔一岁有余，需要夫妻共同呵护，不能让我独自辛苦。即便自己心有所寄，也只能望洋兴叹。所以他平时下班不带电脑回家。而我盼到周五，把小宝贝哄睡觉，自己洗漱完毕已经到深夜十一点多。老公在看他备考的书籍，我想趁此机会看看我的文友，上上网。无奈电脑打开，无法上网浏览，我估计是客厅里的电源关了。我知道老爸有一个习惯，睡觉前切断客厅的所有电源。我心中正想抱怨：一定是老爸！谁知道还不曾开口，老爸又在唠叨了："夜太深了，明天再玩，免得你的脑壳又疼，我关了无线路由器电源了。""烦啊，老爸怎么这么爱唠叨啊，电脑都不许我玩。"我很不理解。老公笑着说："老爸关心你，你是要睡觉了，免得一上网久了又头痛。明天上午上网啰，我让你上。周六了吧，我带儿子，你上网，行不?"无奈，我只得关上电脑，带着"爱的唠叨"，酣然入梦。

🌀 爱的家书

　　不知怎么的，最近上火特别厉害，口腔溃疡特严重，说话吃饭都很困难，心情异常烦躁，有一种想哭的冲动。我打电话告诉了爸爸，爸爸心急如焚，让学生捎来一些草药和一封很久未曾收到的家书："女儿，照顾好自己，把这些草药吃下去，是你妈生前种的，你一定要煎服三次。要是你妈在肯定会为你多想办法，父亲就不一样了，不能来照顾你。你一定要照顾好自己，父亲还需要你呀……"信还没看完，我早已泪流满面。这让我想起了我的母亲和那份被遗忘的家书。

　　遥记当年，母亲总喜欢看我和姐姐给她写的书信。书信中有我们姐妹俩的豪言壮语，有对她的牵挂与依恋，这些都让她笑逐颜开，喜上眉梢。

　　十多年前的日子，或许是母亲最欣慰的时光。那时我和姐姐金榜题名，分别在离家甚远的异地求学。我们姐妹亦是异常思念她，常把书信写，捎去对她和爸的思念与牵挂。她常常得意扬扬地在众人面前念叨我们姐妹俩的书信，而且逢人就夸："谁说女子不如男，我们家的女儿最有出息！家养千金是福气。"诸如此类的话，不知引起多少乡邻的艳羡。

参加工作后，这些书信都被搁置起来，取而代之的是我为她买的时尚的手机。但是，据我悄悄观察，发现怀旧的妈妈从没有弄丢一封信，她居然一封一封地把它们收拾好，用一个蓝色书包装裹着，跟宝贝似的。一有时间，就戴着她的老花眼镜偷偷地看，重温过去的喜悦，沉浸在美好的回忆中。而我亦老是笑话母亲："现在什么时代了，还留着它们干什么？干脆一把火烧掉算了。我想你了也不需要写信，想听声音就打手机，省事多了！"母亲笑而不语，依然宠着那些宝贝。

直到前年，不幸降临到了母亲身上。她被查出晚期肠癌。我和在外地工作的姐姐深受打击，精神近乎崩溃了。一想起她还没有尽享天伦，就十分伤心难过，我曾偷偷地哭过许多次。更难为我的是每次到医院都要强颜欢笑，因而母亲也丝毫没有觉察。在她最后的日子里，我和姐姐陪她不是很多。因为我俩工作的缘故，陪伴她的是曾经要她烧掉的一沓沓的书信。每次去看她时，她都会高兴地给你讲信里面的内容，还一个劲地夸我懂事，嘴甜，文采好。还有一次我的学生去看她，她说我的学生也像我一样能说会道。因为当时我学生说了这样一段话："感谢您为我们培养了一个好老师。我们老师是您最优秀的女儿，也是我们最值得尊敬的老师。"她为此兴奋了很久，似乎已全然忘却了疼痛……

后面的日子里，她的疼痛愈来愈厉害。终于，她经受不住煎熬，含着笑与不舍离开了她眷恋的人世。弥留之际，眼角仍有残留的泪痕，手中牢牢抓住一封我曾写给她的书信……

现在，我不知那一封信已丢失在哪里。因为她是在医院的病床上去世的，那时的我异常悲痛，收拾遗物之类的事我全然不知，直到现在那封信还是没有找到。眼看她的祭日要到了，我不知她是否还在念叨那封被遗忘的家书。但我会写一封信，捎去我对她的思念，连同那些未曾丢失的书信一起，烧给她，让她在天堂不再寂寞，让她知晓女儿的近况：女儿一切都好，您在天之灵，好好安息！我想她能感觉到我的呼吸，她能听到我的声音，她能看到我给她写的家书！

窗外，云淡风轻……

⑤ 初为人母的感受

　　说起刚刚做母亲时的感受，应该从哆里哆嗦从医生手里接过婴儿时的一刹那算起。我觉得任何事后的描述都是乏味的、苍白的，让没做过母亲的人很难产生类似的情感。说这种感觉和说爱情的感觉是一样的，每个人都不一样。如果说你一辈子都没有享受过爱情，一辈子都没有爱上过什么人，你一定觉得受到了侮辱，这关乎能力和交际。没有人因为爱情可能带来的痛苦而否定爱情的美丽，做母亲也是一样，不做母亲，你一辈子也享受不到这种幸福。

　　护士问："你醒了吗？"睡在手术台上的我只听见他们的议论，讨论儿子的可爱和体重。当护士把儿子递给我看的时候，我全身的血液都涌到了脑袋上，手脚不大听使唤，但内心充满甜蜜和幸福。终于如愿以偿了，上天怜我，赐予我一个甜蜜的小负担，心中万分激动。尽管虚弱的身体需要休息，但我居然一连好几夜都兴奋得无法入睡。几天后，我的精神稍微好一点，就会时常情不自禁目不转睛地看他的每个表情、动作，时而香甜地睡，时而伸嘴找吃的，时而伸懒腰、打哈欠。他睁眼了，他认出我了吗？他听见我的声音了吗？他识别我的心跳了吗？这一瞬间，他覆盖了我全部的生命感受。

天哪，这么小点的人儿，要长成大小伙子，要长成壮年，仅仅从一小口一小口地吃奶开始，那是什么样积年累月的功夫。我们无法轻视生命，我们应该敬畏生命。

每当儿子香甜地睡去，我都会悄悄地端详，感叹世界的奇妙。这是我用全副身心创造的生命，我们的生命获得了另外一种实现。这是毫无条件的亲情，是毫无条件的相互依赖，填满可能会孤独寂寞的所有缝隙。

人们对母亲的印象是辛酸太多太多。其实，要是老天不给做母亲的女人以无以替代的快感，人类哪儿有生生不息的原始动力呢？

在这里，我要特别感谢我的同学陈静，一直在手术前后默默地嘘寒问暖，还对医生千叮万嘱，让我在医护人员的温暖话语的鼓励下成功地战胜胆怯，成为幸福的妈妈。还要感谢我的姑妹和丁兰么么在我最虚弱的时候给我的最细心的呵护。还要感谢给予我儿子

和我关心和问候的亲朋好友，谢谢你们！此刻，我将
快乐与你们分享，我觉得只有这样写下来才会让我感
觉幸福的美好！

　　初为母亲的感觉真好！

❺ 责任如山，爱心似水

"师者，传道、授业、解惑也。"这是中华传统文化中对教师这一职业所做出的极为精当的诠释。今天，我们作为一名人民教师，仍然需要时时用它来鞭策自己，警醒自身。

还是在儿时，我的老师就在我的心中播下了一颗种子，一颗对教师这一职业期望的种子。这颗种子在老师爱的雨露和关怀的阳光下，渐渐地在我心中发了芽，生了根，长大了。今天，它终于结出了果实——我也成了一位老师。老师这个职业的周围总围着一圈光环，"春蚕""红烛""灵魂的工程师"等，这些都是对老师的赞美。

于是，我就带着这样的一份崇敬走进了教师的队伍。当我穿过了它面前的光环，走进了它的内核时，也渐渐地理解了它的内涵。教师也是平凡的，普通的，就如一颗小小的铺路石，也只是社会中的沧海一粟。大多数的老师，都只是默默地在自己的岗位上，燃烧尽了自身全部的光和热，再悄悄地退下了，没有惊人的事迹，没有辉煌的成就，犹如一块黑板，曾经写满了神奇，最后擦去的都是功和利。

从教育产生的那天起，社会就赋予了我们教师传承文明，塑造灵魂，启迪未来的责任。孔子选择了责任，就放弃了车马华服，而疏食饮水，门徒三千；陶行知选择了责任，脱下长袍，挽起裤管，用生活教育的理念塑造新人。能载入史册的毕竟有限，而一代又一代的教师只是默默地肩负责任，传递火种。当我穿过教师头上的光环，尝过为人师表的滋味后，才渐渐地领悟到教师肩上的责任重大。古人云："一年之计，莫如树谷；十年之计，莫如树木；终身之计，莫如树人。"塑造灵魂这一神圣的使命是金钱无法衡量的，教师的责任如山。俯首案边，为每个学生分析、诊断，对学生细心叮咛、指点，不厌其烦，这是用心血去浇灌的责任。而我和我们的前人一样义无反顾地选择了责任。让我一直感动的一句话是："教师这个职业是个良心活儿，干好干坏自己心里最清楚。"

在与学生相处的日日夜夜中，我越发感受到爱心无价。我试图以真诚的爱心去打开每个学生的心门。因为我知道，每一扇门的后面，都是一个不可估量的宇宙，每一扇门的开启，都是一个无法预测的未来。实践证明，对部分学生，特别是一些调皮学生，即使用许多道理，对他们讲许多次，可他们还是"不懂""不接受"，依然我行我素，甚至产生对抗情绪。对他们进行表扬，他们认为是哄骗；对他们进行批评，他们认为是整治。可是，一旦学生生病了，你去看看他，他就会责备自己曾经让你操心了；学生家里有困难，你给他以帮助，他就会怀着感激之情下决心改掉自己的毛病；学生有了困惑，你去找他谈心，关心他，他就会下决心听你的话……

这许许多多关心和爱护学生的行为和举止，会叩响学生心灵深处的琴弦，引起学生情感的共鸣，会使学生懂得和接受你的教诲，这样的教育才是有效的。我也曾为学生不学习而大动肝火，曾为学生的不理解而心酸难过，曾经，我犹豫过，彷徨过，质疑过自己的选择是否正确。可是，不必说报纸上连篇累牍的先进事迹，我身边教师的优良品格就比比皆是。我看到鬓发斑白的老教师们，兢兢业业坚守在教学第一线，虽然他们资历老，但对待工作，却从来不马虎；当我看到中青年教师，挑起学校教研教改的重担，为学校教育事业的发展扬起风帆，却常常不能照顾好家里老人、孩子时，我有什么理由懈怠呢？尤其是当看到学生成绩进步和班风、学风的好转时，当我生病后听到他们亲切的问候时，当节日收到一张张贺卡和一条条祝福的短信时，一种感动和自豪就会油然而生。原来付出就有收获，这时我又燃起了工作的热情，又充满了对事业的执着。

一粒种子埋进地里，生根发芽，会结出颗颗硕果；一颗爱心洒向学生，真诚无私，会赢得颗颗童心。教师，肩负着培养祖国未来接班人这一历史重任。为了完成这一历史使命，教师就应具有"捧着一颗心来，不带半根草去"的师爱精神和无私奉献的精神。

我只是一只虚心的小小的萤火虫，在宏大的教师队伍中还有许多闪亮的星星，与他们相比，我所发出的光是微弱的。但我愿把这微弱的光和热，奉献给我们的教育事业，奉献给我们的孩子。

🌀 感恩遇见

真的很感谢这次美好的遇见，美好的心灵之旅，所幸自己在朋友的鼓励下坚持来了。我是一名教育工作者，这次，我以一个妈妈和教师的身份参与了这次的学习。两天半的课程引发了我深深的思考。

课前，工作人员说老师要求简单，简单，再简单。正式参与后，我马上就体会到凯瑟琳老师和陈爱花老师的真诚无处不在，从会场布置到主持，会务安排真是简单至极。凯瑟琳老师感动时落泪。课间休息时她席地而坐就开始与学员交谈，随时互动并关注到每一个提问的学员，小组一起分享，即刻台上演练。互动式参与式的教学方式原来这么有魅力又能触及心灵深处。作为一名教师，我以前一直是讲授知识，可在学习过程中，有一个想法蹦了出来：这种教学方式可否融入我的讲课风格中呢？再深入地想想，答案是肯定的，我愿意尝试着慢慢改变。我要把知识和教育问题结合起来帮助家长，帮助学生。课堂上，当我们大家围成一圈合唱《我们是一家人》时，我居然会流泪。我想起了我的宝贝儿常说的那句话："爸爸妈妈是大树，我是幸福的小鸟，我们是幸福的一家人。"这句话触动了我内心深处的柔软，也将我的泪滑到了内心深处的那次"暴怒"。那天，我拖着疲惫的身体回家，刚进家门就被四岁儿子的满地玩具弄摔倒了，所有白天上班在学校受的委屈和此刻的愤怒让我"咆哮"："是谁让你把玩具弄满地的？妈妈被你弄疼了。"

孩子因为无效方式教导会导致怎样的后果，凯瑟琳老师用事例循循善诱，告诉我们对孩子要有"情感银行"的投入，要有和孩子真实遇见的爱意抚触，告诉我们"界限设定三部法"，要温柔地坚持……我落泪是因为感恩这次美丽的遇见；我落泪是因为孩子还小，我的爱还来得及；我落泪是因为我遇到了迷途知返的自己；我落泪是感动着凯瑟琳老师无私的分享……

我感恩生命中这次与大家的相会，感恩主办方把这么优秀的老师和课程带给我，整个会场没有主办方的广告宣传，真是让我很惊讶。在这个物欲横流的社会，单纯的公益性的教育课程实在是太少了。

我们是要控制我们的孩子吗？还是你想让孩子感受到更多的爱，让他们在爱中度过愉快而健康的每一天？

通常我们对待孩子教育问题时会威胁、惩罚、唠叨、放任孩子、催促孩子，或者使用孩子不能接受、不能接纳的语气让孩子觉得自己很糟糕……殊不知我们的这些行为让孩子感觉不安全。当孩子的大脑没有安全感时，他们会与我们对抗、会责怪、会过分解释、会行动冷漠，也可能会过分活跃或过分顺从，甚至会好斗、咬人、踢人。我们得思考一下，我们是不是让孩子有安全感呢？我们是不是让孩子感受到你很爱他呢？我们需要往我们的"情感银行"里面存入更多的爱，让孩子有安全感，感觉到被爱，感觉自己是有能力、有价值的。比如，降低你的视线，与孩子处于同一视平线上，与他进行眼神交流；温柔而有爱地对孩子进行抚触；对孩子的问题，认真地感受他的需要，从心底里给出回应，而不是从头脑上回应，或者让孩子自己来根据引导，表达自己的需要。当然，所有这些行为的前提是你必须投入百分之百的关注——这些就是真实遇见的时刻，是给你和孩子的"情感银行"存款的最美时刻。现在，我最想做的恐怕是和孩子来一次约会吧。这不是带他出去玩，他不是我的附属，我会把他当作和我一样的成人，与他细细地商量，精心地策划，相信这是一件美好的事情。

遇见了美好，期待更美好的遇见。选择遇见，就选择了美好时光。

最有价值的遇见

生命里有无数的遇见，我一直都很幸运，遇到很多朋友。在这里，写下我今天最特别的感动：庆幸遇到您！

多年前，您在课堂上，让我的几何世界因为您如黄莺般动听的声音被打开，让我从不喜欢数学的边缘爱上了"两个三角形全等"所有的性质和理念，从那以后我再也不怕证明题。多年以后的一次偶遇，班主任培训又与您再续师生缘分，我不止一次靠近您与您打招呼，您笑意盈盈。或许我的世界有您的影子，但我却难得停留在您的记忆里。那个时候虽然我的数学水平远远没有我的语文功底好，人群中我只是一颗小星星，但是您不知道，后来我的数学水平一路攀升，与您"脱不了干系"。

由于工作的缘故，再一次与您相遇在茶饭之间，这一次我牢牢地抓住机会，与您互诉过去日子的点滴。终于，您记起曾经的时日，惊诧我对您如此深刻的记忆。于是我们在一起攀谈，与周围的人似乎无干。从此，我们开始渐行渐近，我庆幸与您亦师亦友。

学校的活动我想请您帮助策划，电话里您对我千叮万嘱，满满的关怀，毫不保留地告诉我处世之道，我喜欢这样的"高人"毫无保留的指引。

今天，我如约而至，带着梦想来到您的办公室。热情周到的款待让我感觉温暖，尽管窗外春寒料峭，淫雨霏霏，但是屋子里却弥漫着温暖的气息，轻松风趣的氛围让我们感觉不仅仅是在谈工作，而且是在进行有价值的思想的碰撞。智慧的火花点燃了追梦者的梦想。此刻，您不仅仅是点灯人，更是铺路者、引路人。这是一次如沐春风的教育旅行，更是一次受益匪浅的文艺之旅，聆听受益。岁月蹉跎，这确实是一次有价值的遇见。感谢今天遇见您，因为您，今天的遇见才有价值，我会倍加珍惜！

回来的路上，在雨中偶见一株幸运草。把它送给自己，希望今天的遇见带来更多的惊喜。

美好一直在这里

初来乍到，来到这个陌生的校园，心里掠过一丝丝的寒意，不仅仅是因为报到的那天风雨交加，更是感觉一切都很陌生。可就在今天，我发现自己原来一直生活得很快乐，一切源于温暖。

今天中午，我正在为组织球队的事情焦头烂额，一个支持我的声音在耳畔响起，来自坐在我身后的熊校长和我的同桌许校长："不管自己打得怎么样，我们都义无反顾地支持你，我们一定会上场！"要知道，我为球赛的准备问过许多同志，还打了许多电话。他们因为这样那样的原因无奈不能参加活动，那时我觉得自己孤立无援。不是想着要战胜张家界队，而是苦于看着张家界队那样团结一心，心里感觉自己没有当好这个组织者。尤其是看着他们的队伍准备去买运动服，我自己的队员还无法组齐，真不知该怎么办。我下定决心，不管怎么样，一定要组织一支队伍，也要为队员准备衣服和鞋子。尽管时间紧急，也要让我们的队员衣着整齐地上场，球技可以输，精神不能输！

　　时间不知不觉来到了下午一点，人员还没有凑齐，我有些慌乱了，不是怕输，只是觉得常德人应该有自己的力量。看着自己一次次拨打未接通的电话，心里忐忑不安，睡意全无。就在此刻，张家界的毛校长问我："你们准备得怎么样？"他们已经到了购物市场。我知道他们即将把一切都准备好，就怯生生地问："你能帮我带回来吗？你们买什么，我们就选择不同的颜色。"她在电话的那一端说："我们六个人都过来了，你们人员没有定好，怎么买？尺码不一样。"我斩钉截铁地说："我把尺码报给你，你就按我的要求带过来，好吗？谢谢。"她毫不犹豫地答应了。我心里想着，先准备衣服鞋子再说吧。

　　到了下午两点，我心事重重地走出房间。同伴发现我没有午睡，关心地问我是不是因为球队的事情一筹莫展。我无可奈何地说："早知道这样，那天我就不该当组长，太难了。"她温柔地笑道："别担心，等会儿去教室再问问。"我迫不及待地走进教室，发现教室里已经有许多同学，于是我又一次鼓起勇气问："常德的同学，你们应该显示出你们的能力，陪张家界的同学打一场别开生面的球赛吧，让我们的业余活动丰富一点啊！"有几个同学回应我说，做啦啦队没问题，但是做队员实在没办法。我又一次傻眼了：怎么办？今晚就要开赛了，难道我们真的不行吗？

一个陌生的身影从我身旁走过，我发现最后还没有问的就是他了。于是，我又一次离开座位，走近他的身边："你能参加今晚的球赛吗？还差一个人就有5人了，你能吗？"可能是我近乎乞求的目光让他不忍拒绝，他毫不犹豫地答应了。"齐了！"我忍不住大声叫起来。"谢谢，谢谢，有你就够了！"心里的石头终于落地，我不禁松了一口气。

球赛如期进行，我们的球队虽然只有5人，但是我真的觉得他们很棒！球场不时传来一阵阵喝彩声，他们为我们演绎了一场别开生面的友谊赛。尤其是汉寿的杨校长，他在里面年龄最大，我觉着他是最有"侠肝义胆"的勇士。他明知自己近50岁了，体力不支，还拒绝了友人晚宴的盛情邀请，就是为了这场特别的"盛会"。在球赛中他的膝盖处不小心擦破了皮，鲜红的血渗出皮肤。我觉得挺对不起他的，心里愧疚得很，作为组织者，我觉得自己不够称职。看着他受伤了，我很是难过，尽管他接二连三地说没什么，我还是觉得很不好意思。就在我准备去买药水的时候，不知道药房怎么走，一个好心的老伯悄无声息地走到我们的身旁，欣然为我们带路，让我感觉到身边的关怀无处不在。

　　夜幕降临，校道上响起了欢声笑语，我们笑谈今天的球赛，还有许多许多……

　　原来，美好就在这里！

⑤ 遥望才是最美的风景

网络，像一部百科全书，给人一个展望世界，纵观万物的窗口，它几乎无所不能。同时，它也给很多人提供了一个"扯"的平台，因为无论是语音聊天还是视频对话，方便得可以把"远在天涯"变为"近在咫尺"。

还记得，有人把女人说成是一本书。妻子是一本"平装书"，她会在家中，草草挽起发髻，或干脆就是蓬头垢面，蹲在地上擦地抹灰，或在厨房锅碗瓢盆，叮咚三响，再就是大呼小叫指挥丈夫、训斥孩子。而丈夫在单位里见到女同事或在街上浏览一下身边女性，即发现那些温良恭谨、举止端庄、靓丽多姿、善解人意的女人比比皆是，她们和自家女人相比，怎么差别如此之大呢？其实，男人恰恰是在外面一直看"精装书"般的女人，而没有看到她们变为"平装书"的机会。

　　网上和一朋友聊天，他说出的一番话，我以为有些道理。他说，美妙的女人，我站在远处欣赏，有什么不对？就像看见美丽的景色，有谁能不欣赏呢？百花盛开，我们会欣赏，山清水秀，我们会欣赏，那美丽又智慧的女人，我们也一样欣赏啊！

　　生活中的柴米油盐，会把妻子和丈夫最光鲜的东西晒褪颜色，就算是没有褪色，也会产生审美疲劳。再美的精品，日日相看，也成平常。我的一位学生家长，原来是位文艺女兵，高挑漂亮，气质靓丽。有时闲聊，我会由衷地说："孩子爸爸一定特珍惜你和你美丽的女儿吧？两个不可多得的美女！"她却苦笑说："算了吧，啥样人一起过了快二十年，也早就审美疲劳啦！"

　　一个人，从青春到暮年，风风雨雨，悲悲喜喜几十年，接触各种人，参与各种事儿。这期间，碰上些许心仪的异性，或心有灵犀的知己，是再正常不过的了。无论是虚拟的网络，还是在身边的现实中，怎么可能没有呢？惊喜的相遇，默默的思念，迟来的情谊，心底的惋惜，所谓在心灵深处，看得清彼此的眼波。到此，也就是一段距离了，如果再将其拉近，怎是一个"扯"字了得。距离才是最美的风景，风景才是一本"精装书"。带上洁白的手套，小心地翻阅一下装帧精美的书页，也许看到的是一篇精妙的散文，也许看到的是一首优美的长诗，或许是一幅意境悠远的丹青画作。休要让手上的汗渍，玷污了书本的洁净。此刻，既然错过了可以爱的机会，毕竟可以在余下的岁月里，装满友情，而友情，往往比爱更容易令人感动。不合时宜、错扣环节的爱，难免会有索取、有情怨、有对方付出的理所当然。歌中有这样的唱词：放眼望，天水蓝，你就在那天水之间。天水之间，是一道美丽的风景，长天共碧水一色，豁然开朗，苍茫悠远。让彼此成为远处的风景，相互遥望，那才是最好的欣赏和享受！

🎗 一份善举，万分感激

"我在马路边捡到一分钱，把它交到警察叔叔手里面……"当我们许多人小时候哼唱这首童谣时，就知道捡了东西要归还的道理。千百年来，把拾金不昧作为一项传统美德，就是这样在潜移默化中不断传承。而静沁园茶楼保安罗师傅正是这一传统美德的传承者之一。

5月2日下午，我和几个朋友去野外烧烤，临出行时，由于是乘坐小车去，所以云便把自行车锁在静沁园茶楼的下边。也许是因为忘记了，当天晚上，云并没有记起自行车的事情，而是到了第二天上班时才发现平时上班的通勤工具自行车不翼而飞。她猛然想起车子还停放在静沁园茶楼的下面，居然忘记推回来了。她心里嘀咕：恐怕车子早已不在那里了，因为没有交代任何人代为看管。可是他还是抱着一份侥幸心理，来到了停放自行车的地方。就在他准备失望而归的时候，茶楼保安大伯告诉他，车子他帮着寄存了。前天，因为过了晚上十二点发现无人取车，他就把车推进了保安室。云看到自己的自行车依然还在，感激之情油然而生，试着想给老伯报酬，被他婉言谢绝了。或许这件事微不足道，但却温暖了云的心。一个普通的老人，一个善意的举动，却让他看到了这个社会的正能量。

　　仿佛是一件不起眼的小事，在安乡几乎每天都会发生。在这个似乎已经物欲横流的社会，他却在静沁园亲身感受到拾金不昧的美德是如此的可贵。因为有罗师傅这样的好人，使人与人之间的距离大大拉近了。其实我们的社会是充满关爱和信任的，往往举手之劳就能带给别人莫大的帮助，往往心怀正气就能获得人们的赞许和尊重。相信罗师傅拾金不昧的精神和敬业乐业的工作态度，会影响到更多的人。希望在他的影响下，将来有更多的好事在安乡这个大家庭里发生，有更多的好人继续发扬他的高尚品行，也希望将来这些好人和好事会变得稀松平常，让我们不再感到惊奇。

❸ 从容是一种态度

　　我从未有过像今晚这样的宁静，这样无所欲求的心情。执笔时内心有着一种难得的清凉，也许，是因为从流走的岁月里感悟到了人生的真谛。

　　在滚滚红尘中，面对繁忙与紧张的生活，感觉自己不可逾越。人生百年，孰能无憾，一生中总会遇到这样那样不如意的事情。有时一种莫名的情绪与渴望会抵达心灵的深处，那种狂热无法让自己冷静。生活需要一种从容的态度，从容是一份飘逸，从容是一份优雅，从容是一种内在的涵养。记得胡兰成对张爱玲说过："现世安稳，岁月静好。"区区八个字，把人生的境界描绘得淋漓尽致。心安，现世才好；心静，岁月才好。要想获得真正的心静，必须学会放下。

　　短暂的人生，经历了春发、夏荣、秋实、冬藏，几十个四季。我们必须学会把生活中的烦恼抛弃，把眼前的角逐看淡，将世间的劳苦愁烦，恩恩怨怨，这一切化解。做到宠辱不惊，闲看庭前花开花落，漫随天边云卷云舒，做到得之不喜，失之不忧。

有些事往往说起来简单，做起来却很难。在这纷繁杂乱的世间，能够保持一些不变的感觉和心情真的是不可能。岁月在变，周遭在变，自己本身也在无形之中有所改变，所谓的永远和所谓的永恒似乎是非常脆弱的假象了。

从容人生，也许会过得有滋有味，把迷失、浮躁的心回归简单与自然状态，为自己保留一份超脱，让人生过得淡然与宁静。记得徐志摩先生曾说："得之，我幸；不得，我命，如此而已。"

生命中，有无数过客，来来往往，擦肩而过，梦幻一般。友爱、情爱如一掬清水，在生命中流淌，带给人温暖与希望，用爱的光辉照耀着人们前行。有些人是值得珍惜的，有些记忆是值得珍藏的。缘来珍惜，去留无意，一切随缘。也许对失去，有时会难以忍受。其实不必伤感，因为不值得的人和事去悔恨与留恋，无论一个朋友对你有多么好，当你对他或她了解的时候，也许他或她做的某件事情会让你伤心失望，甚至会伤害你，那时应该学会原谅。即使无法释怀，也可以让一切的不愉快慢慢地在记忆里沉淀。执着是生命的需要，随缘才是人生的满足。

也许曾经的美好与痛苦已无法让自己去描摹，恍如在黎明边缘逐渐淡去的梦境……放下犹如炒股时的割舍、疼痛，但疼痛过后却是轻松。

穿过岁月的烟云，在尘世的追逐里，在生命的奔波中，在人类永远无法满足的欲望下，痛苦就是智慧的一抹曙光，造物主之所以这样安排，是因为人生的许多道理，不是靠聪明能够理解的，要靠生活与痛苦后的彻悟。

在这样寂静的夜晚，远离外界的繁华与喧嚣，独坐电脑前，让郁积在心底的沉闷与痛苦随着文字宣泄。重新审视自己的内心，淡定面对生活中的一切。此刻，心底的原野上，很平静，没有了烦恼，没有了计较。拥有一份安谧，拥有一份超脱，拥有一份淡然，拥有一份心灵的从容与人生的坚定。相信，生活中有缕缕的馨香飘过，内心一定是盈满幸福，会生发无限的喜悦。

母亲节的想念

又是一年的母亲节了，康乃馨芬芳依旧，可世事变幻，物是人非。"每逢佳节倍思亲"，尤其看到"母亲"这两个蕴含着无尽慈祥和温馨的字眼，心里就泛起阵阵隐痛。看不到您的笑容，听不到您的叮咛，唤不回您的身影，唯一能做的是用沉甸甸的手和绵绵的泪水和您诉说心里的思念和牵挂。试问天堂平安否？且把思念遥相寄，祝愿妈妈节日快乐！但愿我的祝福能穿越时空，由云雨相伴传送给天堂里的您，让遥遥的祝福飘荡在冥冥的时空。

妈妈，我想您了，每天临睡前，我都渴望着能与您在梦里相见，脑海里总是想着您在天堂过得怎样，想知道天堂是否能像人间一样，想知道您在天堂的冷暖，想知道您在天堂是否孤单，想知道您是否想念我，想知道您能否看见我的泪眼。昨晚梦见您了，梦中的您微笑着看着我，和我点头说话，梦中的您还是我儿时印象里的样子，还是那样慈祥。相见时，您告诉我说您有点不舒服，梦中的您还是停留在我儿时那样，您轻轻地扶着我的肩，好像在嘱咐着我什么，要告诉我什么。妈妈，我和您在梦里时而清晰，时而模糊，似近非近。梦醒时分，我却只能无助地仰望您凝固的笑容，用心感受曾那样鲜活的母爱，真想时光倒流，可童年风和日丽的日子，遥远得令人揪心，源于思念的梦，在您走后的日子里疯长，如今的我，唯一对母亲的表白只有泪水。

妈妈，我想您了，长夜惊醒，我又一次自问，妈妈您真的走了吗？我不相信妈妈您就这样走了。很长一段时间我都不敢相信我亲爱的妈妈走了，一直认为您就在我的身边。妈妈呀，我没有一天不想您，我真的好想您啊！今天，我才真正感受到了什么是牵挂，什么是咫尺天涯，什么是死别生离！我天堂里的妈妈啊，我想您了！仰望苍天，恨不得斗转星移，为何苍天竟会这么残忍，将我们生生分离。谁肯借给我一双通往天堂的翅膀？妈妈呀，我悔恨自己没能伸手抓住您，拉住您不让您走，可我的双手却是那么苍白无力，我却是那样无奈，只能眼睁睁地看着您走，看着您离去。无数次，我仰望苍穹，四顾搜寻，哪里能找到您的身影？"渺万里层云，千山暮雪，只影向谁去？"依稀中，我又能看见您正朝着我走来，对着我微笑……

🌀 心被唤醒

哲人说："你的心态就是你真正的主人。"一位伟人说："要么你去驾驭生命，要么是生命驾驭你。你的心态决定谁是坐骑，谁是骑师。"一位艺术家说："你不能延长生命的长度，但你可以扩展它的宽度；你不能改变天气，但你可以左右自己的心情；你不可以控制环境，但你可以调整自己的心态。"狄更斯说："一个健全的心态比一百种智慧更有力量。"爱默生说："一个朝着自己目标永远前进的人，整个世界都给他让路。"这些话虽然简单，但却经典、精辟，一个人有什么样的精神状态就会产生什么样的生活现实，这是毋庸置疑的。

因此，在我们的生活中，随时调整好自己的心态是一件非常重要的事情。一个人能够经常拥有好的心态，可以使自己开朗大方、乐观豁达；一个人能够经常拥有好的心态，可以使自己随时战胜工作、生活中的各种困难，甚至可以战胜我们所遭遇的各种苦难；一个人能够经常拥有好的心态，可以使自己淡泊名利、地位，过上真正快乐幸福的生活。

拥有积极的、健康的、平和的心态不仅能帮助我们获取健康和幸福，还可以帮助我们获得成功和希望。因此，我们必须改变过去那种错误的认识，重新审视自我，调整自我，做一个内心和谐的人。

心态决定人生。在现实生活中，我们不能控制自己的遭遇，却可以控制自己的心态；我们不能改变别人，却可以改变自己。其实，人与人之间能力并没有太大的区别，真正的区别在于心态。一个人成功与否，主要取决于他的心态。拥有积极的、健康的、向上的心态，是一个人走向成功的必备的素质。

人生有顺境也有逆境，不可能处处是逆境；人生有巅峰也有谷底，不可能处处是谷底。因为顺境或巅峰而趾高气扬，或因为逆境或低谷而垂头丧气，都是不能正确地看待人生的态度。面对挫折，如果只是一味地抱怨和生气，而不去向命运挑战，去抗争，去奋斗，那终将一事无成。

有自信才能赢。古往今来，许多人之所以失败，究其原因，不是因为无能，而是因为不自信。自信是一种力量，更是一种动力。当一个人不自信的时候，很难做好事情；当一个人什么也做不好时，就会更加不自信。这是一种恶性循环。要想从这种恶性循环中解脱出来，就得学会与失败抗争，就得树立牢固的自信心。

心动更要行动。心动不如行动，虽然行动不一定会成功，但不行动则一定不会成功。一个人的目标是从梦想开始的，一个人的幸福是从心态上把握的，而一个人的成功则是在行动中实现的。只有行动，才是我们走向成功的力量源泉。

平常心不可少。人生不可能一帆风顺，有成功，也有失败；有开心，也有失落。如果我们把生活中的这些得失与起落看得太重，那生活的道路对于我们来说永远都不会平坦，也永远没有欢乐。人生应该有所追求，但不要让暂时的得不到去影响我们日常的幸福生活。

适时放弃才会有收获。不要刻意去强求那些不属于自己的东西，要学会适时地放弃。适时放弃是一种智慧。适时放弃能够使我们更加清醒地审视自身内在的潜力和外界的因素，能够让我们疲惫的身心得到调整，成为一个快乐而明智的人。

宽容是一种美德。俗话说得好："退一步海阔天空，让几分心平气和。"这就是说人与人之间需要宽容。宽容是一种美德，它能使一个人受到尊重；宽容是一种良药，它能挽救一个人的灵魂；宽容就像一盏明灯，它能在黑暗中放射万丈光芒，照亮每一个人的心灵。学会给自己的心灵松绑。人的心灵是脆弱的，需要经常地激励与抚慰。常常自我激励，自我表扬，会使心灵快乐无比。学会给自己的心灵松绑，就是要给自己营造一个温馨的港湾，适时调整，放松心情。

别把挫折当失败。人的一生，谁都难免会遭遇挫折和坎坷。所不同的是失败者总是把挫折当失败，从而深深挫败了自己取胜的勇气。成功者则是从不言败，在一次又一次的挫折面前，总是对自己说："我不是失败了，而是暂时还没有成功。"

快乐其实很简单。有人说，快乐是春天的鲜花，夏天的绿荫，秋天的野果，冬天的漫天飞雪。其实，快乐就在我们身边。一个会心的微笑，一次真诚的握手，一次倾心的交谈，就是一件快乐无比的事情。

平淡也是永恒的美丽

五年，对于一个女人来说，既漫长又短暂。她的年龄早已不需要隐藏，岁月在她的脸庞上调皮地画上图案，无奈的她只能默默地"享受"。回想这五年，似乎只有心酸，但是足以让人回味无穷，因为岁月的洗礼已让她成长。

2006年，她在一所中学任教，在那里她默默付出，成绩斐然。她骄傲于自己的成绩，于是放弃当班主任的权利，尽管领导的电话不断，但她依然婉言拒绝。因为她想自己该歇息一回，毕竟当了八年的班主任，知道了当好一个初中班主任的不易，想轻松一下，所以坚持着自己的想法。一向善解人意的她居然也独自行使着自己的权利。忘不了在领导办公室的谈话，也忘不了其中的点点滴滴。虽然她因离开班主任岗位而有点失落，但是最多的还是快乐。终于可以睡一个安稳觉，终于不用夜间去查寝，终于不用煞费苦心地做学生的思想工作，但却也因轻松而失眠。终于放下包袱享受了当科任教师的快乐，也许少了一些所谓的烦恼，但却失去了昔日与学生的深厚情谊。

2007 年，她终于实现了自己进城的愿望，可以到县城教书，那种感觉很好。于是，她一口气答应领导担任了两个班的教学任务，这一度令学校的老师费解。因为城关的小学老师兼任两个班的教学实为鲜见，又不是师资力量不够。可是她自己单纯地认为自己曾经胜任过两个初三班的语文教学，而且还取得全县名列前茅的好成绩。就因为那次好成绩，领导对她宠爱有加，连续四年都让她评上优秀教师，成为北河口中学的有为青年教师。所以，初来乍到的她，又被激发了新的热情，想在一个新地方尽情地挥洒自己的汗水。自认为天道酬勤的她自会感觉可以胜任这里的工作，凭着一股积极肯干的精神和不知疲倦的心态硬是"苦战"一年，终于还是证实了，有付出就有回报。

2008 年，曾经认为很幸福的她一下子陷入了一场官司。她丈夫经营的轮胎销售店出了一点问题，由于轮胎的质量问题引发的一死两伤的事故让人触目惊心。她和老公陷入了前所未有的"灾难"之中。巨额的赔款对于工薪阶层的他们来说犹如晴天霹雳，他们整日都郁郁寡欢。

但福祸相倚，一次偶然的机会她知道了网络的神奇，三鹿奶粉的事件让她深受启迪，保护消费者权益的讲堂让她眼睛一亮。于是她擦干泪水，和老公奋斗在网络前线，把一系列的事实论据在网络上发布，终于让官司起死回生，巨额的赔偿不需要自己垫付。曾经拒绝赔偿的轮胎公司居然因为知道自己产品的质量的确存在隐患而懊恼不已，答应了赔偿因质量问题引发的各种费用。终于，他们凭借网络和智慧赢回了一场原本输了的官司，他们从此也就迷上了网络。

就在那一年，她的生活渴望有了变化，就是想拥有一个可爱的孩子了。生活的稳定和快乐让她越来越渴望当一个幸福的妈妈。就在她积极准备之时，却发现生活又和她开了一个小小的玩笑，医生的误诊让她快乐了一个星期，而后不久梦就被击得粉碎，不但没有拥有孩子，反而还因为患上急性阑尾炎动了一个手术。记忆里最深的就是上手术台的那一刻，她浑身在颤抖，而医生在一旁鼓励她坚强一些，说因为为人老师的人经常鼓励学生勇敢，所以自己一定要勇敢。她有些哭笑不得，在恐慌与失意中度过了难忘的一个小时，也是度过了有生以来最疼最痛的一天。也就是那一次，身心疲惫的她知道了健康比什么都幸福。

近年来，她丈夫的仕途没有特别的变化，他曾经有一次机会，但不善交际的老公没有把握住那次难得的机会，在得知消息落空时，他还是有点失落。然而，她的丈夫没有就此颓废，而是乐此不疲地迷上了"经济研究"，整日在电脑上和他人交流有关国民经济的问题，似乎有种"天下兴亡，匹夫有责"的使命在身。他整天与网络中的博主们畅谈人生，也让自己的博客做客"价值中国网"和"中国改革论坛"，以草根的身份在这些网站谋得一席之地。前一段时间他还被中国改革发展研究院邀请到海南参与讨论"中挪国际经济发展"，对经济问题兴致勃勃的他似乎找到了自己的位置，她为自己的老公感到高兴。人生似乎就是这样，在不停地找位置，找到一个最适合自己的位置，那样自己才会觉得有价值。而她呢，她也算小有成绩，经常会将一些文字与人共赏，也会乐此不疲地写微博，做一个与时俱进的人。

五年时间，点点滴滴，心酸的事情不想写太多，就像有人曾经安慰她，上帝为你关闭了一扇门，就会为你打开一扇窗。不是吗？在这几年的风雨中，她知道了很多，也懂得了许多。生活教会了她许多做人的道理，也更加让她珍惜现在的生活，感恩社会，感恩家人，感恩朋友。更希望在未来的五年中，她收获的不仅仅是成为一个幸福妈妈的快乐，更希望身心的健康永远相随。再次执笔写下她这五年，分享人生的酸甜苦辣，诠释生活的真谛——平淡也是永恒的美丽。

取悦自己

　　今天正在吃早餐的时候，我接到好友的电话邀约，二话没说，放下还没有来得及吃完的早餐，在朋友的催促下急匆匆地来到相约的地点，一起去了曾经熟悉的芦苇荡。尽管今天的天气不好，但是我心情特别好，因为自己还没有被遗忘，能够陪着好友一起。能让好友想起的温暖早已将寒冷的风推得远远的。不一会儿，我们到达目的地，看着风中的芦苇，看着空旷的土地，忽而觉得天地何其大，自己何其渺小。芦苇地不是很平坦，但我们还是兴冲冲地向前走，看着远处砍倒的芦苇，还有忙碌的身影，我加快了脚步。车陪着她的作家朋友慢慢地走着，小心翼翼地，看我走得很快，竟然在后面嚷嚷，让我别走太快。可是我还是兴冲冲地大步向前，一点也不心疼自己刚买的马靴，独自享受野外的乐趣。虽然我曾经路过芦苇荡，但是近距离接触还是第一次。朋友还戏称我今天的发型很应景。我想也是，一个村姑似的发型，有一点身处高粱地的感觉。

终于，我还是停下来等他们。来自石门的作家朋友与他们一边交流芦苇的价值与生长过程，一边谈笑。突然，严发现里面有野芹菜，于是乐哈哈地采起野菜来，我也不甘示弱，乐颠颠地帮起了她。一路走来，终于来到还没有被砍倒的芦苇身边，我仔细地观察一位砍芦苇的妇人，她手脚特别麻利，干起活来特别利索，看得出她的年纪还不是很大，但脸庞却显得饱经风霜。她很健谈，说起自己还有三个孩子，和老公一起砍芦苇，合计收入每天160元，家中还有10亩地，每年的净收入有3万多元。她满足而幸福的样子，似乎一点也不觉得累。我们都拿起砍刀尝试了一下，发现真的很不容易，可是他们操作起来却如此娴熟。想想自己真的很幸福，不需要风吹日晒，不需要风餐露宿，有时却还在抱怨命运对自己的不公，比起他们，我的幸福已经很多了，不是吗？我还可以在这里游玩，还可以在这里放松自己的心情。

在这里，我享受着芦苇荡展示出的豁达与奉献，享受着芦苇荡带来的幸福体验。我不止一次地张开自己的双臂，嘲笑自己的渺小与敏感，感受户外带来的愉悦。还好有车校长及时为我拍照，记录这一开心的时刻，我的快乐又与他们相伴，幸福的感觉不言而喻。游玩后我们径直回到了严校长的妹妹家，他们早已准备了丰盛的午餐，午餐中还有我们辛勤采摘的"野味"。

　　午餐用完后我们参观了仙桃水电站，知道了一些鲜为人知的建站故事与传说。后来接到阿姨的电话，她还想挽留我。我知道我应该多陪陪她，因为她的脸色不是很好，电话里我叮嘱她注意休息，不要想太多。她准备了很多好吃的想要我和我的朋友分享，可是我还是不得不离开。于是最后我和朋友一起带着阿姨为我准备的沉甸甸的礼物回家了。

⑤ 平淡中的幸福

　　今天睡了一个大懒觉，要是爸爸在家肯定就会啰唆，可是他不会去叫你，因为你平时都会起得比他早，所以他不会要你起床，他知道你要好好享受周末的懒觉。等到早上 8 点，他只会悄悄地来到你的身边，温柔地问你："懒虫，想吃什么，到外面还是在家里吃？"我伸伸懒腰，搂住他的肩膀，懒懒地回答："就在家吃。"于是不一会工夫，他就会把一碗热腾腾的面条端到你的面前，看着你打开电脑写东西。

　　曾经我还笑对老公说，老爸回去了，我的幸福生活（因为不用自己下厨，而且可以依赖他）也离开了。当即，他就纠正了我的说法，应该是"你的另一段幸福生活又来临了"。现在仔细回想，他还说得挺对的。他回来了，带回了他就读的北京物资学院校庆的礼物，还带回了北京大学教授授予的"经济文萃灵魂"的"虚名"，还有我喜欢"舞文弄墨"的精致砚台，更让我幸福地就像一只很不起眼的酱板鸭。说起酱板鸭，在他临行前，我为他准备十来只，就是为了北京的朋友和侄儿能够感受到"童胖子"的味道。可不巧他的一位朋友出国了，没有见着，他就带回了一只留给我。我问他路上怎么不吃，他却笑着说："我就是觉得你比我喜欢吃啊，所以留给你。"简单的一句话，已经将我的整个身心温暖。以前，他是一个很大意的人，在你的无数次的引导下能够如此"细腻"，真的让我热泪盈眶。他让我冰冷一周的心欢腾起来，那一刻在他的面前我好想流泪，因为他不喜欢看到我流泪，我只有将幸福的眼泪"狼吞虎咽"。

在家里，我好好地享受了一番酱板鸭的滋味，里面有诱人的辣味，更有幸福的滋味！"老婆，我的头发里有好多白头发了，我老了。"他在洗手间叫我。我不喜欢他留胡须，周末了，他必须注意形象，因为平时匆匆上班无暇顾他，而且不想天天啰唆，让他做回闲适的自己，可是周末我就要"大阅兵"。

我闻声而起，跑到洗手间，拥着他的肩膀说："好啦，我终于比你年轻了哦。你要好好地呵护我，小心我调皮啊。其实你也不必担心，我还是蛮喜欢成熟一点的你，你只会让我更加喜欢啊！你忘了，当时我的追求者中就是因为你年纪最大才选择你的啊，别担心，到卡登堡去理发修饰一下，会年轻许多，嘿嘿！""那才不，你去就行了，还是只要老婆美就得了，我反正不讲究，让别人好生羡慕我如此不修边幅，一样有美人的陪伴。就让我当恩格斯得了，我还是潜心于我的研究算了。"听着他的言语，我幸福地笑了。因为他不再介意我打扮得漂亮了。"老公，我想去给爸爸捡棉花，去体验一下劳动的滋味。你不是要我体验幸福吗？我今天想去了啊。"我突然提议。"这么迟了，你也好意思，要做工也得早起啊，爸爸最不喜欢睡懒觉的人。你这个时间去，心也不诚啊，你去了又要为你准备中午饭了。还是今天就待在家里得了。老婆，我好想吃你弄的饭了，去北京这么久，就惦念老婆做的菜，昨晚五点半打电话给你想吃你做的菜，你说你们听课，又没有做饭辄劳我，今天总可以了吧！"老公真诚地对我说。"好啦好啦，今天咱就不去爸爸家了，不做乖女儿，就做好老婆吧。我把日志写完就去买菜啊，先容许我玩玩电脑哦。"我一边玩电脑，一边尝着酱板鸭的味道，享受简单的幸福，品味浓浓的爱意。

简单的幸福让我知足！

恋在红尘

　　茫茫人海，缘来缘去。拥挤的人群，无法锁住红尘的爱恨情仇。放下曾经澎湃的心，重新回到原来的起点，轻轻地扣开禁闭的门，熟悉的，已经不再熟悉；等待的，依然点缀着我的眼眸。放下沉淀的往事，一曲悠扬感伤的音乐，此刻正在耳边回荡，幽幽的，是曲，也是心。我把心融进音乐里，让情感随音符流淌。

　　岁月，没有因为艰难而停息，流动的人群也没有因为我的出现而哗然静立。透过音乐的传递，我知道，如果说红尘里有着不可提防的悲，那么也就是被花开时的明媚所造就的暗香所迷。我如此地沉浸在音乐里，缓缓在红尘里远足，滋味百般。或许你会笑我是"痴傻"，除了以音乐为伴，就只知道傻傻地和诗词说话，做着天外的梦，编织着未知的幸福。我喜欢想着你的话语，和着悠扬的旋律，唱着忧伤的曲子，倚靠在房子最深的角落，静静地等候属于你我的那朵百合。

　　沉醉在音乐里，看着别人的故事，演绎自己的人生，在别人的故事里感动着自己的心。我挥挥手送走那曾经的美丽，把伤埋在灰尘里，让它在起风的季节里，随着风儿飞入天空，在天空渐渐消失，不再清晰，不再折腾于那本就属于我的故事里。

　　走过夜，走过忧郁，伴随着心底疯狂的呐喊，让失落不再痛彻心扉。因为有你的叮咛与呵护，我会静候你的归期。到了明天，我会在你的怀里酣然入眠，也会诉说我的伤悲。在你面前我好想流泪，就让我泪雨滂沱混合着幸福的甜蜜。

爱在重阳节

今天是一个阳光明媚的日子,我起了个早和爸爸共进早餐。不知怎么我心血来潮,就想把自己的头发变一个颜色,显得不那么温柔贤良,只想顺应潮流,让自己的心情随着发色的改变而"浪荡"一回。因为爸爸是个"老古董",老公也是个"老学究",他们总是说黄头发像个外国人,而我却很喜欢。再者老公出差了,我想趁他不在家自作主张一回,等他回来时早已"生米煮成熟饭",让他有一种全新的视觉感受。成了真正"黄脸婆"的我想恢复成"黄毛丫头"的样子,可能他们会不喜欢,但是我想做回我自己。

上午做了头发后回家吃饭,那种感觉啊,真的好舒服,不用自己进厨房,就能吃到想吃的美味,那种感觉真的好久没有尝到了。一晃六年过去了,曾经妈妈在这里，我是多么享受，可是现在只能偶尔尝尝这"幸福的味道"，可是我依然很幸福。听闻左邻右舍的朋友说我的发型好看，心里真的很高兴，就连爸爸也没有反感，反而说很好看。我想自己不用"做贼"了，吃饭的时候因为害怕爸爸看清就溜进别人的门面边吃边聊，没有想到送碗的时候依然被他抬头看见。嘿嘿，总算过了这一关。

下午，我想给爸爸准备一份礼物，因为他到我这里很辛苦，帮我看家、做饭，所以我就带着他上街了，准备去买一件他早就魂牵梦绕的夹衣。没有想到买衣服花费的 280 元却让他念叨不已。我劝他说没什么。一路上他絮絮叨叨我也懒得搭理。后来我又匆匆为老公买了一双皮鞋，问爸爸要不要。他说不要，过年再买。经不住诱惑，我买了一件风衣。本打算网购的，但是似乎来不及，还是有上次买裙子的"后遗症"，索性就在安乡买一件得了，也算活跃安乡经济。爸爸一个劲地要我选红色，可是我就是要选米色。几番争执之后，我还是同意了爸爸的"红色"，因为店主说红色温暖一些。红色就红色吧，只要他老人家合意，就让他为女儿挑一回衣服也是值得纪念的。

九月初九，一个令人难忘的日子，我和爸爸在一起很幸福。爸爸，节日快乐！

❻ 写给三十一岁的自己

今天是我的生日，三十一岁的我决定让自己在忙碌中低调地度过。

发一封邮件为自己庆祝，给自己一个祝福，泡一杯清茶，在千回百转的曲调《荷塘月色》中，慵懒地慢慢梳理久已沉淀的思绪……

三十一岁的我，已经懂得珍惜，已经学会坚强。社会的复杂，生活的艰辛，让我有充分的准备承受挫折。不能再作小女人状，见了老鼠不敢打，见了虫子也害怕，恋爱时的小把戏还是收起来吧，因为家人需要你照顾，丈夫更需要你同甘共苦。曾经我是那么爱哭，恨恨地发誓都无法止住那不呼即来的眼泪。如今的我，不是感情麻木，而是没有时间，也没有理由动不动就哭。

三十一岁的我，已经学会独立——工作中独立，生活中独立。工作中可以分工不同、角色不同、责任不同，但不能人格高低不同。生活中不应自负，但不能不自强；不应自傲，但不能不自尊；可以平凡，但不可以平庸。不要再将自己扮作怨妇，没有人会真正可怜你。21世纪是充满竞争的时代，是一个越来越男女平等的时代，如果你没有足够强大的后盾，那么靠天靠地靠男人都不如靠自己。女人应该奉献，同样应该索取，没有人可以漠视你。

三十一岁的我，已经懂得女人应该善待自己。女人不是男人身上的一根肋骨，应该留一点时间和空间给自己。累了，学生的作业一天不检查不会一塌糊涂；累了，稍显凌乱的家可以暂时不收拾，看一场好莱坞大片，让杜比六声道音响环绕自己，使那紧张的神经松弛。我不会，也做不到像我母亲那样伟大——生命中除了丈夫便是油盐酱醋的生活琐事，唯独没有自己。生活并非全部如意，心情也有春夏秋冬。郁闷的时候，送自己一束鲜花，顿时阳光灿烂，令蓬荜生辉。我不在乎别人的想法，只在乎自己的感受，舒心不舒心，自己说了算。

三十一岁的我，逐渐学会了宽容。虽然脾气依然有点急，但是遭人误解的时候，不再想每次都理论清楚，而是心里默默地说：或许我也会犯同样的错误。我不再为每天谁做饭、谁洗碗而跟丈夫争论不休，我不再无法忍受丈夫放在沙发上的臭袜子，因为我理解男人和女人有不一样的难、不一样的累。

三十一岁的我，逐渐学着放弃。三十一岁的我，比任何时候都清楚，自己想要什么，不想要什么，不是吗？是你的想丢丢不了，不是你的想得得不到。虚名与浮利于我已无所谓有无，工作着是快乐，奉献着是幸福，应得的报酬心安理得。知难而进是我的本性，知足常乐是生活感悟。俗话说，退一步海阔天空。有些事并不是某个人能左右得了的，是非曲直自有公论。当自己耄耋之年时回首往事，但求问心无愧，无论为人、处事。三十一岁的我，有些是无法改变的，比如对欺骗的憎恶。对于不喜欢的人和事，我已学会不去评论，但决不会阿谀奉承，溜须拍马，如果非要阐述自己的意见，那么对就是对，错就是错。曾经有好心的朋友奉劝我不要太固执，不要锋芒毕露。受伤的时候，也曾发誓要学着圆滑一些、收敛一些。

今天是我的生日，三十一岁的我为自己的心情做了个 SPA。特别鸣谢同学的女儿为我精心准备的蛋糕，我很感动，只是感叹今天的宴席人很多，菜似乎少了一点，碗菜光，出糗了。今天幺幺提着水果来到我的办公室，拿的全是我喜欢吃的水果。虽然没有留她吃饭，但是感激已存心底，彼此寒暄了几句，感到亲情的温暖。要感谢的还有我们的邻居——高静一家子，还有我的舅舅等等，虽然我想选择低调，但是他们的祝福仍然温暖了我的心。今天的生日是我最近几年心里阳光最灿烂的一天。嘿嘿，是不是来年有更多惊喜等着我呢？

写给自己的生日——我的三十一岁！

⑨ 姐姐，生日快乐

亲爱的姐姐：

　　你好！好久不曾写信给你，今天是你的生日，你开心吗？今天我们这里下了一场大雪。心中有一个美好的祝愿送给你：希望你天天快乐。

　　今天我想起了妈妈，没有妈妈在身边的日子，我成熟了许多。我想起妈妈就是在下雪天离开了我们。我经常会想起她，想起她来不及享福就已经离开了我们。那一年，我的人生也经历了下雪天。我是一个浪漫的人，下雪对于我来说，有太多美好的记忆。可是就在那一年下雪的那天，我的妈妈离开了我。

　　她任劳任怨一生，对于我们姐妹俩她付出很多。遥记当年，你我一起跨入县外求学，我们的妈妈生活很艰难，上街都是连半碗面都舍不得吃，就是为了节约钱。

她时常挂在嘴边的一句话就是：吃不穷，穿不穷，盘算不好一世穷！受她影响，我读书期间也非常省吃俭用。我记得当我把一年的生活费节约下来回家带给妈妈时，她的眼中竟然有一丝泪痕，双手颤抖地接过我的钱，半天没有说一句话。还记得有一年过年喝红酒，我举着杯子说："妈妈，我以后节约钱买高档红酒喝，我要喝一个够！"没有想到妈妈把她杯里所有的红酒全都给了我。你还说妈妈偏心。我说了句："气死你！"妈妈说过年不能说"死"字，不吉利。就是那一年冬天，妈妈就真的离开了我们！我好想妈妈。第二年，我把想念妈妈的感觉写成一篇散文。你不知道，我是含着泪写完的。在我提笔的时候，我才知道妈妈在我心底的位置。那篇《爱的家书》竟然在《美文时代》杂志上发表，还给了我80元的稿费。你不知道，当我接到稿费的那一瞬间，我就想到打电话给你，我好开心，我想妈妈一定感觉得到！

就在昨天，你打来电话。我很忙，于是草草地接听你的电话就挂了。你说我工作忙，怎么中午都没有休息。我觉得你真的不知道我当时正在排课表，又有学生在旁边背书，因而我很愤怒地拒绝和你聊天。等你挂了电话，我才幡然醒悟，居然忘记了今天是你的生日。我与对面的同事说起这件事，她也批评了我。等手中的事情基本忙完，于是又向你表达我的一份歉意，没有想到你很温柔地原谅了我，还跟我说起爸爸的事情来。你说到以前对妈妈不满意，现在爸爸对于你来说也不满意，但你学会了当"救世主"，不想把对妈妈的遗憾在爸爸这里继续，只当是尽孝道，原谅他。我很高兴你的转变。其实，我一直觉得你不怎么像姐姐，就在妈妈生病的日子，我独自一人承担照顾妈妈的任务，你总是以忙为借口。我对妈妈说过许多次，妈妈也要我原谅你，我觉得他们都偏向你。为什么我就得不到他们的理解？我也忙啊！那时候，我经常在晚上查完寝后租摩托车奔往医院。我好累啊！幸亏那时候我的学生听话。妈妈看到我疲惫的身子时就悄悄流泪，你一点都不知道啊。就在她弥留之际，你却迟迟不出现，你说因为堵车了。我看着她等待中的那种煎熬，盼望的心意使她痛哭流涕。就在你们到来前不到十分钟她闭上了双眼。我替她不值！作为女儿，你尽力了吗？但是，昨天听了你对爸爸的感受后，我在心底里觉得像个姐姐的样子了。现在看来，我真的觉得爸爸比妈妈幸福，我们都要爸爸幸福！我不后悔对妈妈所有的关心，更加不会减少对爸爸的爱。

2010年，我要让爸爸幸福！我要你幸福！我们一家都要幸福！今天之所以在这里突然写下这么多，就是因为我看到我的姐姐真的改变了许多。姐姐，我爱你！我要你幸福！生日快乐！

你的妹妹：玲玲

2010年1月4日

227

❸ 岁末感言

　　眼看圣诞节来临，缤纷的祝福装满手机的各个角落。祝福声中我感觉"逝者如斯夫"。盼望雪花飞舞的情景再次出现，让我有勇气抓住灵感的尾巴。窗外的天色渐渐变暗，或远或近的景物被灰色的纱笼罩着沉默无语，它们也在默默地总结着，年复一年的平淡吗？

　　不想用"转瞬即逝"这个词来形容时光的变迁，但看看垃圾桶里散落的一沓日历，就像看到了时光杂沓的脚印，忽然就有了曾经紧握在手的东西不经意蒸发的感觉。唉！光阴还是从指缝中溜走了……

　　曾用"一路走来，回味无穷"总结一年来的工作生活，却找不到恰当的语汇描绘一年来的精神生活。感受人间冷暖、世态炎凉的同时，收获着喜悦与悲哀。挥手作别的不仅是云彩，还有孱弱的生命和渐远的纯真。结识了一些早该相识的人，疏远了一些早该淡忘的事。学会了在微笑的背后慢慢品尝苦痛，习惯了在喧嚣的空间悄悄寻找安宁，明白了事业与爱好不可得兼的道理，改变了古板刻薄的性格。懂得了在失去的时候高唱"我无所谓"，并非掩饰，而是为不应属于自己的东西送行。学会了在想入非非时戛然止步，并非逃避，而是除了爱和责任没有理由挥霍感情。

不管有多么丰厚的收获，总有很多遗憾脱口而出。翻开日志，抚摸歪歪扭扭的痕迹，读过的书，做过的卡片，写过的文章，蹒跚着滑过记忆的河床，我知道，它们也许会同我一道聆听新年的钟声，但不会同我一道迈入新年的门槛。

托尔斯泰曾经说过："随着年岁的增长，我的生命越来越精神化了。"面对着越来越依恋的精神生活，看着岁月在肌肤上留下的吻痕，我感到年华像额头的皱纹来不及抹平又渐渐堆积，不管你愿不愿意。

既然所有的新年祝愿里都包含了梦想成真，那么我也祝愿自己在新的一年里梦想成真吧！今年至少要完成四件事：一是课题选题，二是完成《湖南教育》一篇随记，三是去桃花源看菊展，四是组织志同道合的朋友野外烧烤，放松封闭的心情。明年呢，我期待儿子能够能说会道，期待自己身体健康，期待爸爸生活愉快，期待老公事业有成，继续"高调"。

不知不觉，又是一年岁末时节。恍惚间，耳畔似乎还回响着今年春节的鞭炮声，硝烟也还未尘埃落定。转眼之间，各种大小的媒体也都开始了一年又一年的岁末大盘点。我呢，是不是也该盘点一番，得失之间也许会让我更加明白人生的许多道理。

第一，先说平淡无奇的工作。即将过去的一整年每天其实就像很普通的今天一样，大部分时间我的心灵都与寂寞、单调和无聊为伴，日复一日机械地重复那许多琐碎的事务，不过倒也过得平安无事。虽然快乐的时候不多，但是伤痛倒也没有，还是值得庆幸的。下半年很忙，为了合格学校的验收，也熬了几个不眠之夜，写出了近80页的评估报告和各种总结。还好，评估结果名列前茅，不枉了同伴那几根被催生的白发。

第二，可以说说那次远离工作、远离人群、远离喧嚣到常德参加第六届名优校长论坛，使我消磨殆尽的智慧又有点星星之火。我的心灵深处总喜欢自己一个人独处，或者失落，或者颓废，或者发奋，我都喜欢。可就连这样一个简单的要求平日里也很难实现。有幸认识李博士、方西河，学不学知识暂且不说，能得以领略一番他们的文字已经幸运至极了。

第三，我的身体较之去年有了大好转。尽管包括家人在内的许多人说我根本就没什么病，全是心理压力闹的。这一年，我身体全面恢复，感觉精神面貌大为改观。

第四，要说家庭了。"七年之痒"的期限早已经过去，我自己也不知道，更说不清楚是不是"痒"过，至少表面上还是波澜不惊。眼看就要结婚十年，我们也在猜测第十年时会不会"痒"。我想，"脚"要是痒得轻呢，就挠挠；重呢，就互相蹭蹭；万一痒到不行了呢，真就能把鞋子脱了么？我不知道，也不敢猜测。我们太平凡，也因为平凡，生活就会有许多变数。可我们之间有个血脉相连儿子，想来最基本的定力应该还是有一点的。何况我们都不喜欢大风大浪，都不喜欢严酷考验。

第五，要说的是儿子。他今年 2 岁了，有了简单的思想，有了最初的是非标准和价值观念。欢喜之余也有几分失落，只是他还不会使用太多的语言。

第六，想到日渐苍老和衰弱的父亲大人。是我不孝，平日里较少关注他的起居和衣食，甚至还要让他照顾我们三口人的生活。他赐予了我生命，养育我成长，大恩未报，可现如今，连第三代人的生活还要他照料。已经壮年的我仍然蛰伏在他无力的羽翼下苟且过活。他的血压伴随着年龄一路飙升，可还在为儿女操劳。有的时候我虽然对他有点小埋怨，但感激还是更多。

第七，我不知从何说起，也不知该如何说，当然更说不清楚、道不明白，姑且作为心魔吧。最近时常会记起幼时和少年时代的许多往事，想必是怀念昔日那些简单而纯粹的快乐时光吧。幼时的记忆里，自己好像每一天都在盼望着年终岁末。特别是在老家，最喜欢守岁的那晚，大人们灯火通明地在厨房里魔术似的变出许多好吃的美食。后来我终于长大了，却开始害怕长大，害怕长大的烦恼，长大后的责任。可是时间的脚步却突然间自己加快了，像流水一样，从枕边，从指缝里，从脚步中匆匆而无声地流逝了。恍然间，一年过去了，恍然间，又一年过去了。一年年长大，一年年变老，眼睛中的稚气逐渐褪掉，还又多了些许沧桑和苍凉。时光如水，流逝过去的，就不会再回来。

　　总结起来，回首这一年，忽然觉得自己是那样的惭愧。我想下一个新年的愿望就是明年比今年好吧，至少不要比今年差就行。光阴如梭，擦身而过，就像疾驰的列车，看着车窗外面的景色向后倒去，渐渐变成了一个点，而自己却不能停下来，去触摸那不属于自己的风景。生活也是一样，我们不能留住光阴，在嬉笑中、沉睡中、觥筹交错中、沉思中时间慢慢地流过。你接受也好，不接受也好，这就是人生。

🌀 岁月可待亦温柔

年年岁岁花相似，岁岁年年人不同。岁月如白驹过隙，最难得师生相聚。今天，我们 312 班的老师、同学欢聚一堂，共同度过这段其乐融融的美好时光。我心中有颇多的感动，有颇多的感慨。弹指一挥间，相识二十年，二十年并不短暂，二十年并不如烟，二十年间的一切仿佛就在眼前。

今天，同学们在桃花源大酒店，与我们两位敬爱的班主任老师欢聚在一起，感到十分亲切和温馨。十七年来，你们可能没收到过我们的一声问候，一个祝福，但你们却是我们无时不在的牵挂。此刻，我真想振臂一呼：312 班的兄弟姐妹们，欢迎大家的到来！让我们共同捡起那段激情燃烧的岁月，让我们乘着酒的翅膀，重温那段甜蜜美好的时光！可是我还是保持了沉默。汉寿的代表饶美女依然那么洒脱，我依然小心翼翼，内心后悔没有变得灿烂一点。

分别后的第十七年，我们还清晰记得各位老师上课时对我们的谆谆教诲；还清晰记得你的音容，他的笑貌；还清晰记得教室门前的树，树下有你的忧伤，他的欢笑。一切的一切，都那么遥远，但今天想起确似在眼前，那些在当时根本无足轻重的小事，如今说起竟然变得如此美好，竟然是这般充满情趣，这么让我们难以忘怀。在桃源师范求学三年发生的故事沉淀了二十年，依然那么新鲜，那么让人感动，也许需要我们用一生去回忆、去咀嚼、去收藏。特别是当我们走上社会，在品尝了人生的苦辣酸甜之后，在经历了世事的浮浮沉沉之后，才发觉在桃源师范的岁月和同学之间真诚、质朴的情谊如同一首深情的歌，悠远而回味无穷。那种经过艰苦岁月沉淀的同学友谊是一段割不断的情，是一份分不开的缘，就像陈年的美酒，愈久愈醇香，愈久愈珍贵，愈久愈甘甜。

我时常想，天下的老师千千万，为什么你是我的老师；天下的学生千千万，为什么你是我的同学，这就是缘分。这种缘分也许是先天铸就，这种缘分也许是后天锤成。我们要好好珍惜这种缘分，好好把握这种缘分，好好收藏这种缘分。

一位作家曾经说过：童年是一场梦，少年是一幅画，青年是一首诗，壮年是一部小说，中年是一篇散文，老年是一套哲学，人生各个阶段都有特殊的意境，构成整个人生多彩多姿的心路历程。友谊是人生旅途中寂寞心灵的良伴，特别是同学之间的友谊更是陈年老酒，时间越久越是醇香甘甜。

尽管由于通讯地址的变化，我们一度无法联系。由于工作的忙碌，我们疏于联络，可我们之间的友谊没变，我们彼此的思念日益加深，互相默默的祝福从未间断。下次相遇，期待依然能够将你们的名字脱口而出，依然是岁月可待亦温柔。

❷ "微不足道"的爱情

不需要惊天动地，不需要轰轰烈烈，最令人感动的，往往就出现在一些不起眼的小地方。一份情，一份意，一小段生活的剪影也会令人铭记于心，万分感慨。在我的身边，就遇到了这样一件平凡而又令人感动的事。或许在他人眼中微不足道，但却能够让我读懂有一种爱叫相濡以沫，有一种爱叫体贴入微，有一种爱叫生老病死都不离不弃。其间的温馨胜过所有的山盟海誓，虽然没有甜言蜜语，但是有实实在在的爱情。

人死真的如灯灭，光线暗下去，再也看不清楚周遭的人、周遭的事。这么多年，看见过很多妻离子散的悲剧，看见过家破人亡的惨剧，也看见过平淡安静离开的温馨。看着很多上辈人，上上辈人的悲欢离合，看着他们的点点平凡累积成生活的"柴米油盐酱醋茶"，看见他们静静地送生命中的另一半离开。没有那么多的惊天动地，天荒地老，有的只是矢志不渝，白头偕老。姑父与小姑的爱情属于 20 世纪 80 年代。他们的爱情，听上去给人的感觉很普通，但是等你品尝过了，你会发现，这其实就是一杯极品的美酒，香醇厚重。

　　这是我见过非常典型的 20 世纪 80 年代的爱情。其实我对他们不怎么了解，只记得他们的婚姻是自己相互选择的结果。虽说那是媒妁之言盛行的年代，但是自由恋爱也渐渐成了年轻人的选择。很多人都问过姑父为什么娶了姑姑，每次姑父都是笑而不言。在我的印象当中，姑父是很会赚钱的一个人。清晨总会看到姑父骑着摩托挨家挨户地收黄鳝或是龙虾，姑姑就在家当一个全职太太。姑父买卖完海鲜回家，姑姑听到熟悉的摩托车声，总会在第一时间出现在自家门口迎接他。就是这么两个人，从来没听到他们吵过架，两人的感情很好，可我小的时候从来没见他们出门逛过街、看过电影、出门旅游过。他们的生活很简单的，姑父在外靠做小商贩养家糊口，姑姑在家相夫教子，日子过得简单而充实。

　　然而，直到五年前的一天，姑姑觉得全身不适，居然晕倒在楼梯旁。被吓坏的姑父急忙把她送去医院诊断。医生说姑姑病得很严重，说是一种很严重的肾病，也可以说是尿毒症前期。听完医生的述说，姑父一下子六神无主，于是把我叫到医院。我只知道医生说了几句话，最清晰的是"最多活五年"。我当时就懵了，犹如晴天霹雳，因为她的儿子马上就大学毕业，意味着他们即将过上比较安逸的晚年生活。可是这突如其来的疾病让他们没有丝毫的准备。接下来姑父继续辛劳奔波，带着姑姑四处求医。这几年一直饱受病魔折磨的姑姑被姑父小心翼翼地呵护着。他每天起早贪黑，包揽家中的一切事务。尽管姑父如此的悉心照顾，但由于姑姑的血压偏高，可能加之肾病综合征的缘故，前不久姑姑还是突发了心肌梗塞，医生都下了病危通知单。看着插着氧气管的姑姑，我们都心急如焚。谁料姑父却表现得异常镇定，一个劲地对姑姑说："你要撑着，以前的医生说你不是有五年时间吗，这不才三年吗。你还要看着儿子结婚生子，抱上孙子，你要挺住。"看到此情此景，我泪眼婆娑。姑父还嘱咐我不要在姑姑面前哭，要我鼓励姑姑战胜病魔。终于在我们的感召下，姑姑度过危险期。从这以后，姑父对姑姑的照顾更是无微不至。

姑姑身体感觉好些的时候，总是想帮着姑父做一些小事。可是就是连把衣服丢进洗衣机这样简单的事情姑父都不准姑姑做，更不用说洗洗碗什么的，就连她站着也怕她累着。每次我去看姑姑，她总是笑着说："你姑姑我是衣来伸手，饭来张口了。你姑父太累了，屋里屋外都是他一个人在忙，真是难为他了。"姑父则在一旁幽默地笑道："你也在忙啊，你整天口头'指挥'我，你也挺辛苦啊!"说实在的,以前家里的事情都是姑姑在打理,他一个大男人什么也不会,只会在外面做小商贩赚钱。可是现在姑父不仅饭做得好,而且家里收拾得井井有条。每逢亲戚们串门,总是说姑姑的命好,找了一个好男人,对于生病的她不离不弃,呵护备至。听到此言,姑姑每次都是笑盈盈的。

直到前几天,姑父为他的孙子办满月宴时,由于天气炎热,亲戚们都在嘀咕,抱怨道:"天气这么热,为什么不等到办百日宴?这么性急啊,真是热死人了。"姑父于是解释道,是因为姑姑感觉自己身体不怎么好,有点担心自己会有什么不测,所以就仓促办了,希望亲戚们理解。看着姑父辩解的样子,我觉得她真的很了解姑姑。也因为姑姑爱热闹,她希望别人替她高兴,因为她终于熬过了五年,还做了奶奶。要知道,她曾经对我说过,虽然自己所剩的时日不多,但是只要看到孙子就没有什么遗憾了。

人逢喜事精神爽,现在她看上去气色好多了,我在心里祈祷她能健康长寿!我希望姑姑、姑父会好好地在一起,一起变老,儿孙满堂。身边的人形形色色,过客匆匆,或许他们的爱情很平凡、很普通,做不得一个时代爱情的缩影,但我想记录的仅仅是他们的爱情。他们的爱情,在我的眼里像纯牛奶,美味而温馨。在很多人眼里,也许不值一提,但却能温暖我的心扉。其滋味,如鱼饮水,冷暖自知。

周末黄山游

今天上午，温暖的阳光露出它迷人的笑脸，我和老公准备等爸爸来谋事，可爸爸来电话，说今天不来，明天来。我正在想今天怎么安排时朋友来了电话，说去黄山头。我问她邀了几个朋友，她说就自己，要我邀她去。我于是兴冲冲地打电话询问，可是其他朋友却没有时间。

正当我犹豫之际，在一旁上网的老公高兴地说："老婆，我陪你去，就喜欢和你旅游啊。何况是黄山头，我还没有和你去过。"我真是受宠若惊，连忙兴奋地对他说："快点，她已经到北站了，时间不等人，快点关掉电脑出发吧。"我是急性子，急匆匆地出了门，等几分钟他才吃完感冒药上车。由于是周末，车上人很多，我坐在最后的座位上，和老公也没能坐在一起。一路的颠簸和难闻的异味让我有生以来第一次尝到晕车的滋味。我竟然在下车时吐了个稀里哗啦，把老公和朋友都惊住了。

我也是怪难为情的，幸好我可爱的学生为我打点一切，我才慢慢地缓过来。吃过午饭，我们四人就出发了。午后的阳光很热情，我们一路沿着新开发的黄山路盘旋而上。高大的建筑，迷人的假山吸引着我们拍照，尽管山路崎岖，我们依然兴趣盎然。同行的还有一对父女，他们看起来很轻松。我们在中途歇息时他们也停下来，老公给了小女孩一瓶水，她很有礼貌地说了"谢谢"。我们又拍了很多照片，沿途还欣赏了美丽的风景，我一路吆喝，一路唱歌，虽然有点累，但是真的很开心。

　　一个多小时后就到山顶了，虔诚的我去庙里拜谒了。就在准备下山的时候，我们被那游乐场的老板吸引了，他要我们逛鬼城。我们进了鬼城，可爱的学生紧紧地拽着老公的手，害怕极了。我倒是少了几分害怕，毕竟是人为的设计，可能是心智成熟了的缘故。我们一边听着老板的叙说，一边看着那些稀奇古怪的画面，真的有一种怪怪的感觉。不过，这次总算把黄山的景点游完了，我们还看到了所谓的"世外桃源"，只可惜桃花还没有竞相开放，只是有那么一两处开了几瓣，不过倒也是一番景象。

　　下山时，我们来到一处开满油菜花的田园，一望无际的油菜花把天边映得金灿灿的。田野间有淡淡的香味和勤劳的蜜蜂，我们穿梭其间，流连忘返，真是乐以忘忧啊！老公今天也很开心，他的感冒似乎也好了。到郊外的感觉真是很好！快乐的周末，快乐的黄山一日游！

🎓 快乐的烧烤节

　　终于迎来了周末，早就做好的计划，终于要落实了！这美好的计划就是——亲子烧烤。说到烧烤，大多数人在烧烤店里都吃过吧。可是，你知道烧烤的乐趣是什么吗，真正对自己身体有益的，又是怎样的烧烤方式呢？通过一次亲身经历烧烤，让我来解答这两个问题吧！

　　那一天，我早早地起了床，心情也十分激动，因为我想起昨天晚上约好朋友一起筹备的食材和烧烤装备呢，有小钢叉啦、烧烤炉啦、盘子啦、勺子啦，甚至炭都带上了，装备齐全。没错，我们是要去烧烤，是自己烧烤，不是去店里吃哦！

　　徜徉在仙桃码头的湖光水色中，我们一行人，将工作的劳累抛到了九霄云外，在被芦苇包裹的外滩停留下来。湖光粼粼，引得大伙儿一阵惬意，我们在水边，自助烧烤。来到了这里，因为是第一次自己烧烤，所以显得生疏。看着朋友的老公非常有经验的样子，于是我们也手脚麻利地搬出每一样东西，精心布置好。接下来，就要开始生火了。火生好了，我们"靓女一族"开始串生肉、鲜鱼、嫩菜。生肉用钢叉以针线一样"上穿下梭"，至于嫩菜嘛，就老老实实地像平常一样躺在架子上就行了。孩子们也嚷嚷着要自己烧烤，无奈只得又生一火堆。不一会儿，"酷男一族"开始把食材放在烤架上烤起来，还一手拿着刷子，给食材刷上点香料和食用油，然后撒上孜然几颗、五香粉一点、椒盐一点，能吃辣就放点辣粉，只需短短三十几秒，一批烤肉就新鲜出炉啦！

243

"酷男一族"可把我们"靓女一族"乐翻了。牛肉、鸡肉、火腿肠散发出腻腻的油香，洋葱、土豆、茄子和青椒，飘溢着淡淡的清香，吊起大家的胃口。经过一阵忙碌，湖边燃起了浓浓的炊烟。

"大厨出马，一个顶俩！"黄叔叔摩拳擦掌，将各种菜品摊放在烧烤网上，用油刷刷上油，肉片在明月映照下，闪着熠熠的油光。八九分钟以后，我轻轻夹起一块，正要下口，却被黄叔叔喝住了："还没放佐料呢，别着急呀！"我一听，连忙把肉放回烤架上面。只见他左右手各拿一只佐料瓶"嚓嚓嚓"地将佐料均匀地撒在了菜品上，他的动作熟练、轻盈，颇有大师的风范。

"吃吧。"不等他说完，我就夹了一大筷子美味，送进了嘴里。哇，太棒了！入口，嘴里便充满了广味的甜香，再轻轻咬上一口，润滑的油汁就滚了出来，香甜的味儿，把我的嘴堵得满满的。

接着，其他的美味也相继起架。茄子，肉滑汁浓，爽口清香；鲜肉，又麻又辣，有嚼劲儿；而最可口的，则是鸡腿肉，肉多汁美，刚一熟，就被大伙儿抢了个精光。

欢声笑语中，缕缕的烤烟，愈来愈袅娜，诱人的香味，越来越浓郁……

夕阳西沉，大家才依依不舍地回到了县城，结束了快乐的一天。

后记

　　《爱的馈赠》一书，初稿成于2020年春，正值新冠肺炎疫情凶猛的春节假期，为响应国家的号召，我宅在家中，正月初三就停止了一切走亲访友活动，每天在家里无非就是看书度日。

　　一天天，偶然在书架上目光停留，看到了方西河写的《写成一代名师》一书，眼前一亮，在这特殊的2020年，是否能够将以前的文稿整理成书？是不是也可以让自己的文字变成铅字，即所谓著书立说？让自己也拥有一本散发着书香的著作置身于自家的书房一角。

　　那一夜，辗转反侧，我思索着将自己博客上的文字整理成一本书。同时，我把我的想法和我爱人大致说了一下，让我始料未及的是他非常支持我。心动不如行动，凡事预则立。次日，我在电脑上打开自己的博客开始整理文字，我惊奇地发现居然有十万多字。随后，我迫不及待地和几个曾经出过书的朋友联系，向他们咨询出书事宜。他们听了我的想法，都非常支持。随着文集的整理，有几个朋友都觉得不错，于是《爱的馈赠——一位校长对教育的思考》一书就因此结集而成了。

我感恩于对教学的教与思，对生活的想与悟，对育人的爱与诚，一遍又一遍地整理着自己的文字，感受着自己教书育人二十三年来的点点滴滴，是因为自己的发现让自己遇见了更好的自己！作为教师，我成长在课堂；作为母亲，我成长在岁月；作为亲人、朋友，我成长在温暖的世间！一切都源于爱的力量。因为爱，所以爱！是生活中的每一份激情让我饱尝爱的力量。

全书文字整理成三部分，一部分是关于教学的，一部分是关于育人的，一部分是关于生活的。第一辑，潜心钻研，是我多年的追求；第二辑，诲人不倦，诠释着校园爱的供养；第三辑，恋在红尘，浸润着爱的呢喃细语。一如既往地爱着身边的一切！

一晃到了七月，我与身边的亲朋好友商量出书事宜。感谢吉书文化公司冉轩睿对我的褒奖与鼓励，感谢我的恩师文君教授为我作序，感谢刘业庆教授和张思慧老师对我的文字汇编的指导，感谢任凌云先生为我的书籍出版提供经济支持，感谢方西河先生对书稿体例创设的细心指导。我曾踏月而来，只因他们在此山中！如果说2020年对于大家来说有一份不安，但我想说我在这段时间里收获了欣喜，我想就是缘自爱，这就是爱的馈赠！